LIEBE
IST, DEN
PARTNER
NICHT

SO ZU
NEHMEN
WIE ER IST

CHRISTIAN THIEL

LIEBE IST, DEN PARTNER NICHT

SO ZU NEHMEN WIE ER IST

WIE SIE DURCH VERÄNDERUNGEN
IHRE BEZIEHUNG POSITIV GESTALTEN

südwest

ISBN 978-3-517-09357-4

1. Auflage 2016

Programmleitung: Silke Kirsch
Projektleitung: Esther Szolnoki
Lektorat: Ina Raki
Illustrationen: shutterstock/AkeSak
Umschlaggestaltung: zeichenpool, München, unter Verwendung einer Illustration von shutterstock/AkeSak
Layout und Satz: Nadine Thiel, kreativsatz, Baldham

Dieses Werk wurde vermittelt durch Aenne Glienke, Agentur für Autoren und Verlage, www.AenneGlienkeAgentur.de

Druck und Verarbeitung: CPI books GmbH, Leck

Printed in Germany

MIX
Papier aus verantwortungsvollen Quellen
FSC® C083411

Verlagsgruppe Random House FSC® N001967

www.suedwest-verlag.de

INHALT

»Ich möchte in diesem Buch die These belegen, dass es nicht nur statthaft ist, den Partner verändern zu wollen, sondern dass es sogar nötig ist, wenn wir in einer dauerhaft glücklichen und stabilen Beziehung leben wollen.«

»Also: Reden wir nicht nur von *den* Frauen, *den* Paaren, *den* Männern ... reden wir von *Ihnen*. Sie lesen dieses Buch. *Sie* sind möglicherweise unzufrieden mit Ihrer Beziehung.«

»Wollen Sie, dass Ihre Beziehung stabil und glücklich ist, dann müssen *Sie* dafür sorgen, dass Sie das bekommen, was Sie brauchen. Sie müssen Ihren Partner oder Ihre Partnerin ändern.«

KAPITEL **EINS**

DÜRFEN WIR UNSEREN PARTNER VERÄNDERN?

Birte fährt sich nervös durch die aschblonden, mittellangen Haare. Wann nur hat es angefangen, dieses Gefühl, dass etwas nicht stimmt in ihrer Ehe? War es, als sie feststellte, dass sie sich zu der jungen Praktikantin hingezogen fühlte, die seit drei Monaten in ihrem Betrieb arbeitete? Die 58-Jährige trinkt vorsichtig einen Schluck von dem dampfenden Jasmintee und schaut auf ihre Stiefelspitzen.

»Nein«, sagt sie dann und zieht nachdenklich die Stirn in Falten. »Nein, es war früher.«

War es, als sie umziehen musste, weil ihr Mann Kurt in eine andere Stadt versetzt wurde, sieben Jahre nach der Hochzeit?

»Nein«, sagt Birte erneut, »es war noch früher.«

Sie greift noch einmal zur Teetasse und denkt wieder nach. Konzentriert schaut sie auf den roten Teppich, der zu ihren Füßen liegt. Schließlich lehnt sie sich ein wenig zurück. Sie ist offensichtlich zu einem Ergebnis gekommen.

»Es fing schon nach zwei Jahren an.«

Birte sieht traurig aus bei diesem Satz. Die Falten um die Augen und Mundwinkel wirken jetzt tiefer und sorgenvoller. Kurt erzählt nur selten von sich, das stört sie sehr. Wenn sie Beziehungsgespräche mit ihm führen will, dann bekommt er einen glasigen Blick und zieht sich in sich zurück. Das geht schon lange so, ohne dass sie es je ändern konnte. Sie ist jetzt seit 34 Jahren verheiratet – und schon seit 32 unzufrieden mit ihrem Mann. Welche Ewigkeit!

ÜBER VERÄNDERUNGEN – UND DEREN GRENZEN

»Wie ändere ich meinen Partner?«, das ist eine der wichtigsten Fragen unserer Zeit. Kein Scherz. Ich meine das ernst. Fragen Sie Ihre Freundinnen. Fragen Sie Ihre Freunde. Oder hören Sie einfach zu, wenn eine Frau wie Birte in die Paarberatung kommt. Das klare Ergebnis: Die allermeisten Frauen suchen heute nach einer Antwort auf diese Frage. Und – zugegeben – auch wir Männer fragen uns ab und an: *»Wie ändere ich meine Frau?«*

Es handelt sich also gewissermaßen um eine der Grundfragen einer jeden modernen Partnerschaft. Bei ihrer Suche nach Antworten tappen die Beteiligten bislang weitgehend im Dunkeln. Das hat Gründe. Viele Beziehungsexperten behaupten, den Partner zu verändern, das sei unmöglich. Auch wohlmeinende Freunde hauen in die gleiche Kerbe und bestätigen uns diese Ansicht. Dabei ist sie grundfalsch.

Auch Forschungsergebnisse widersprechen dieser These. Die Wissenschaft kommt genau zu dem gegenteiligen Ergebnis: In einer langfristig stabilen Partnerschaft verändern sich in der Regel beide Partner tiefgreifend. Der Grund: Die große Nähe in einer Beziehung bleibt nicht ohne Folgen. Jeder guckt sich beim anderen etwas ab. Und so werden sich die Partner über die Zeit immer ähnlicher – auch charakterlich. Solche Veränderungen haben allerdings erkennbare Grenzen. Der menschliche Charakter ist zwar formbar, aber nicht beliebig zu verändern. So wird aus einem Planungs-Fan zum Beispiel kein flippiger Spontaner. Und aus einer Chaotin wird keine Pedantin. Das Ausmaß der nötigen Veränderung ist in all diesen Fällen schlicht zu groß. Trotzdem versuchen Menschen in einer Partnerschaft ganz ohne Frage genau das immer wieder. Sie wollen den anderen unbedingt von der eigenen Sicht der Dinge überzeugen. So wie Rolf.

Rolf ist ein ausgesprochen ordnungsliebender Mann. Das Problem ist: Er hat sich ausgerechnet in eine bekennende Chaotin verliebt. Anfangs sieht er nur die Vorteile, die diese Wahl ihm verspricht. Die nette Chaotin ist spontan, gefühlvoll und impulsiv. Sie hat das, was ihm fehlt. Deshalb fühlt er sich zu ihr hingezogen. Doch sind die beiden erst einmal ein Paar, beginnt sein »Umerziehungsprogramm«. Rolf will seine Chaotin unbedingt verändern – und sie verweigert sich. Natürlich! Sie will keine Pedantin werden. Das passt nicht zu ihr. Sie ist glücklich mit ihrem Charakter – oder hat sich zumindest ganz gut daran gewöhnt, dass sie so ist, wie sie nun einmal ist. Und sie hat im Gegensatz zu Rolf kein Problem mit ihrem Chaos.

Rolfs »Umerziehungsprogramm« scheitert am Ende kläglich, die Beziehung zerbricht. Und ihr unrühmlicher Schluss liefert allen Beteiligten gute Argumente dafür, dass sich ein Partner nun mal nicht verändern lässt.

Der wichtigste Grund für das absehbare Ende der Beziehung: Die dauernde Kritik von Rolf (»Musst du deinen Rucksack immer im Flur liegen lassen?«) untergräbt die Gefühle füreinander ebenso wie die bald einsetzende Gegenkritik seiner Partnerin (»Du nervst«). Menschen sind nicht in einer Partnerschaft, um sich kritisieren zu lassen. Sie wollen Anerkennung, Wertschätzung und Respekt. Und sie möchten verstanden werden.

Verhalten ist veränderbar

Aber ist es überhaupt nötig, den Charakter des Partners zu verändern, um glücklich und zufrieden zu sein? Gute Frage. Die Antwort lautet: Nicht unbedingt. Weit flexibler als unser *Charakter* ist ein ganz anderer Teil von uns, der auf eine Partnerschaft einen großen Einfluss hat – unser Verhalten. Auf das konkrete *Verhalten* Ihres Partners haben Sie weitaus mehr Einfluss als auf seinen Charakter. Und sein Verhalten ist auch erheblich einfacher zu verändern. Ein Beispiel? Gern!

Paul und Lena sind vor einigen Wochen zusammengezogen. Die beiden sind zwar erst seit neun Monaten ein Paar, trotzdem konnten sie es kaum erwarten, endlich, endlich ein gemeinsames Zuhause zu haben. Leider haben sich dadurch auch Probleme ergeben. Noch vor ein paar Wochen hat Paul Lena überschwänglich begrüßt, wann immer sie sich trafen. Kein Wunder, immerhin sind die beiden noch nicht lange zusammen. Bisher wurden die beiden schon beim bloßen Gedanken an den anderen in einen seelischen Ausnahmezustand versetzt. Was sich durch das Zusammenziehen wohl kaum verändert haben dürfte.

Und doch hat sich plötzlich etwas verändert: Pauls Verhalten. Er begrüßt Lena jetzt nicht mehr voller Freude – um es vorsichtig auszudrücken. Vor ein paar Tagen blieb er sogar einfach vor dem Fernseher sitzen, als Lena nach einem langen Arbeitstag nach Hause kam.

Eine Weile stand sie ratlos und mit hängenden Schultern im Flur und schaute zu Paul hinüber. Sie mag seinen trockenen Humor und seine dunklen, lockigen Haare, durch die sie gern mit ihren Fingern fährt. »Mein Wuschel« nennt sie ihn dann und fühlt sich ihm ganz nahe. Doch nun saß ihr »Wuschel« auf dem dunkelblauen Sofa, das sie zum Einzug von Freunden geschenkt bekommen hatten, und schaute in den Fernseher, den Lena sich von ihrem ersten Gehalt geleistet hatte. Er machte keine Anstalten, sie durch seine Haare wuscheln zu lassen.

Ist das wirklich der gleiche Mann, der bis vor Kurzem die Finger nicht von ihr lassen konnte, wenn sie sich sahen? Lena macht sich Sorgen – zu Recht. Ihr Vertrauen in seine Verlässlichkeit ist in Gefahr. Sie ist enttäuscht von dieser rasanten Veränderung seines Verhaltens. Von einer leidenschaftlichen Begrüßung mit Umarmung und einem richtigen Kuss hin zu einem belanglosen »Hallo, Schatz« in gerade einmal vier Wochen – was für ein atemberaubendes Tempo!

»Der Alltag holt die beiden eben ein«, mit diesen Worten könnten Sie Pauls Verhalten jetzt erklären. Das ist richtig. Es fragt sich aber schon, ob Lena mit Pauls Verhalten glücklich und zufrieden ist. Sie ahnen es sicher: Lena ist überhaupt nicht damit einverstanden, dass der gleiche Mann, der sie noch vor vier Wochen zur Begrüßung stürmisch umarmt und geküsst hat, jetzt gebannt vor dem Fernseher sitzen bleibt und nur noch ein liebloses »Hallo, Schatz« murmelt.

Und sie hat alles Recht dieser Welt, sich ein anderes Verhalten von Paul zu wünschen. Die Frage ist doch ganz einfach: Was ist wichtiger, der Fernseher oder Lena? Pauls Antwort ist wohl, dass angesichts der Tatsache, dass sie jetzt zusammen wohnen, der Fernseher wichtiger ist. Davon ist Lena nicht begeistert. Sie ist vielmehr irritiert und enttäuscht. Und ein wenig sauer ist sie auch. Höchste Zeit, etwas zu unternehmen.

Lena sollte Pauls Verhalten nicht einfach so hinnehmen. Sie sollte für sich und ihr Bedürfnis nach einer richtigen Begrüßung einstehen. Und dafür, dass sie sich auch nach dem Zusammenziehen eine Umarmung und einen Kuss zur Begrüßung wünscht. Und möglicherweise mehr als nur wünscht. Vielleicht *braucht* sie Umarmung und Kuss, um dauerhaft glücklich mit Paul zu bleiben. Wenn Lena das alles braucht, dann ist es in meinen Augen nur recht und billig, dass Paul von ihren Bedürfnissen erfährt. Was sonst sollte ihn dazu bewegen, Lena wieder so zu begrüßen wie zuvor?

Lena sollte Paul meiner Meinung nach also verändern. Braucht Paul dazu einen anderen Charakter, eine Generalüberholung? Das klingt nicht sehr wahrscheinlich. Immerhin hat sein Charakter es noch vor wenigen Wochen zugelassen, dass er bei der Begrüßung zugewandt und hingebungsvoll war. Lena muss nicht Pauls Wesen ändern – sondern sein Verhalten.

Dass das sinnvoll ist, bestätigt auch eine der größten repräsentativen Paarstudien der Welt. Hierfür hat die Psychologin und Soziologin Terri Orbuch das Verhalten junger Paare in den ersten Jahren ihrer Beziehung untersucht. Das spannende Ergebnis: Wenn Partner sich ernsthaft bemühen, den anderen zu verändern, sind sie einige Jahre später mit einer größeren Wahrscheinlichkeit noch immer zusammen, als die Paare, die einander einfach so lassen, wie sie sind – und sich nicht auseinandersetzen. Ganz nach dem Motto: Ich nehme ihn so, wie er ist.

Wer es unterlässt, den Partner zu verändern, der geht einen gefährlichen Weg. Er setzt sich schlicht zu wenig für sich und seine Bedürfnisse ein. Das macht auf Dauer unzufrieden und schädigt eine Partnerschaft grundlegend. Akzeptiert Lena also, dass sich Paul zur Begrüßung nicht einmal mehr erhebt und ihm der Fernseher wichtiger ist als ihr Heimkommen, dann gefährdet das ihre Partnerschaft womöglich. Lena und Paul wären nicht das erste Paar, das schon bald nach dem Zusammenziehen feststellt, dass ein zu liebloser Umgang miteinander die Liebe innerhalb von einigen Monaten zermürben kann. Denn Verliebtheitshormone sind nur ein Grund für die tollen Gefühle, die die Anfangszeit einer Liebe so besonders machen. Der andere: Wir verhalten uns oft und gern zugewandt. Wir sind füreinander da. Und das fühlt sich sehr gut an – auch nach dem Ende der Verliebtheit.

Ist es unromantisch, den Partner verändern zu wollen?

Den Partner verändern zu wollen, das erscheint vielen auch deshalb »falsch«, weil uns allen das romantische Liebesideal als Maßstab für gut und richtig dient – und das führt uns leider oft in die Irre. Das romantische Liebesideal fordert, den Partner oder die Partnerin ganz umstandslos zu lieben, so wie er oder sie eben ist. Und sich keine auch noch so kleine Änderung zu wünschen. Der andere ist perfekt. Veränderungen? Nicht nötig!

Das ist, mit Verlaub, grober Unfug. Der Vorsatz, den Partner so zu nehmen, wie er ist, und ihn nicht zu verändern, übersteht kaum jemals die ersten zwölf Monate, die spannende Zeit der Verliebtheit also. Nur in diese Zeit passt er wirklich hinein.

Romantik ist eine feine Sache. Romantik ist für eine Beziehung gut und wichtig, wenn es dabei um romantische Handlungen geht wie ein sommerliches Überraschungspicknick oder Blumengeschenke ohne jeden Anlass. Kein Problem. Wenn Romantik bedeutet, dass ein Mann seine Frau zur Begrüßung voller Freude küsst und umarmt – auch kein Problem. Ganz anders sieht es aber aus, wenn wir uns die Wirkung von romantischen Liebesklischees anschauen. Diese Klischees können einer Liebe großen Schaden zufügen. Etwa wenn einer der Partner der Überzeugung ist, dass in einer Partnerschaft allein die Gefühle zählen und er nichts tun muss für den Bestand seiner Beziehung. Oder aber wenn wir der festen Überzeugung sind, dass wir jede noch so abseitige Verhaltensweise des Partners liebevoll tolerieren müssen, wenn wir ihn wirklich lieben.

Doch das stimmt nicht. Wir müssen versuchen, den Partner zu verändern. Es wäre gut, wenn uns allen diese Erkenntnis schon beim Schwelgen in der anfänglichen Harmonie der Verliebtheit bewusst wäre. Realismus tut not. Das gilt auch für viele Beziehungsexperten. Auch sie ignorieren die Fakten weitgehend. Sie sind nicht dafür, den Partner zu verändern, und plädieren stattdessen für Akzeptieren und für Toleranz. Ich habe nichts gegen Akzeptieren und auch nichts gegen Toleranz. Jede Partnerschaft braucht eine Menge von beidem. Legt der Partner aber mit seinem Verhalten die Axt an die Wurzeln der Beziehung, dann hilft es nicht, das zu akzeptieren oder zu tolerieren.

VERÄNDERUNG BRAUCHT MUT UND GEFÜHL

Auch Lena sollte Pauls Verhalten nicht akzeptieren. Was ihre Partnerschaft braucht, das ist das klare Bewusstsein von der Notwendigkeit, den Partner zu verändern. Sie braucht den Mut, die Dinge anzusprechen. Und sie braucht das Wissen um geeignete Mittel und Wege, um das Ziel auch zu erreichen. Und dann braucht sie noch einmal *Mut* – um entsprechend zu handeln.

Das gilt nicht nur für Verhaltensweisen des Partners, mit denen wir überhaupt nicht zurechtkommen. Auch wenn wir uns nur einfach wohler fühlen würden, wenn der Partner das eine oder andere an seinem Verhalten ändert, steht es uns zu, uns genau das nicht nur still und heimlich zu wünschen oder zu erhoffen. Wir dürfen und wir sollen uns vielmehr auch aktiv dafür einsetzen, dass aus unseren Wünschen Realität wird. Das gilt nicht nur für

Lena – es gilt auch für Sie. Für Sie und Ihr Leben. Für Ihre Partnerschaft. Wie sieht es aus mit Ihnen und Ihren Bedürfnissen? Dieser Frage werden wir nachgehen im Verlauf dieses Buches. Es geht darum, was Sie in Ihrer Beziehung verändern wollen. Und darum, wie Sie dieses Ziel auch erreichen können.

Und wie sieht es umgekehrt aus? Darf Ihr Partner auch versuchen, das eine oder andere an Ihnen zu ändern? Ja. Ich bin froh über jeden Mann, der sich ernsthaft fragt, was er in seiner Partnerschaft ändern möchte, und der dann nach geeigneten Mitteln und Wegen sucht, sein Ziel auch zu erreichen.

Allzu oft überlassen Männer die wichtige Arbeit, für eine zufriedenstellende und stabile Partnerschaft zu sorgen, ihren Frauen. Ist ja toll, dass viele Männer glauben, die Frau an ihrer Seite werde »das Kind schon schaukeln«. Ein wenig mehr Engagement von Männern wäre trotzdem nicht schlecht. Ein Mann, der nicht weiß, womit er in seiner Beziehung unzufrieden ist und was er an seiner Partnerin ändern möchte, kann für eine Frau eine echte Belastung sein. Er ist spürbar frustriert – gibt das aber nicht zu. Er hat häufig schlechte Laune – sagt aber nie, was ihm auf der Seele liegt. Und dann steht er eines Tages vor ihr, zuckt hilflos mit den Schultern und bekennt, dass er schon seit einer ganzen Weile nicht mehr weiß, ob er sie noch liebt. Und schon befinden beide sich mitten in einer schweren Beziehungskrise.

Ein Mann, der weiß, was er an seiner Frau ändern will, der ist vielleicht nicht immer sehr bequem. Aber er ist verlässlicher. Er sagt, was er will. Und sorgt so für eine glückliche und stabile Partnerschaft. Wenn Sie also keine Leserin, sondern ein Leser sind, dann freut es mich sehr, dass Sie sich für die spannende Frage interessieren *»Wie ändere ich meine Frau?«*. Danke, dass Sie sich die Mühe machen, herauszufinden, wie Sie in Zukunft in Ihrer Partnerschaft glücklicher und zufriedener sein können.

Soll eine Liebe Bestand haben, dann ist es hilfreich, wenn zumindest einer der beiden Partner eine durchdachte *Agenda* hat. Eine Agenda besteht nicht aus utopischen Wünschen und allgemein formulierten Zielen. Eine Agenda enthält vielmehr konkrete Ziele und klare Wünsche zur Veränderung. Je konkreter die Wünsche und je klarer die Ziele, desto positiver wirkt sich eine Agenda auf eine Partnerschaft aus. Konkrete Wünsche beziehen sich in der Regel auf das Verhalten des anderen. Allgemeine Veränderungsfantasien gehen dagegen allzu oft mit dem Wunsch einher, der andere möge seinen Charakter grundsätzlich ändern – dann sei endlich alles gut.

Nutzen Sie die Macht der positiven Gefühle

Konkrete Veränderungswünsche sind das eine – höfliche Formen des Umgangs miteinander das andere. Es ist nicht einerlei, *wie* wir versuchen, den Partner oder die Partnerin in die gewünschte Form zu bringen. Unhöfliche Versuche mit einem Übermaß an Kritik und Vorwürfen haben wenig Aussicht auf Erfolg. Das lehrt nicht nur die Erfahrung – es ist auch wissenschaftlich belegt.

Unhöflichkeit – das ist wahrscheinlich der entscheidende Grund, warum viele Menschen glauben: »Den Partner verändern – das geht nicht!« Denn sie haben es versucht. Einmal. Zweimal. Immer wieder. Oft über Jahrzehnte. Sie haben ihren Partner kritisiert. Ohne Ergebnis. Sie haben Beziehungsgespräche mit ihm geführt. Erfolglos. Sie haben gemeckert und genörgelt. Das Ergebnis: Die Stimmung in der Partnerschaft wurde schlechter, die Probleme aber blieben. Das hat einen entscheidenden Grund. Sie haben es immer und immer wieder mit *negativen Strategien* versucht, kurz: mit Negativität. Und darauf reagieren Menschen nicht wie gewünscht. Sie stellen sich stur. Sie gehen zum Gegenangriff über. Aber sie ändern sich nicht.

Wir alle, Männer wie Frauen, wollen in einer Partnerschaft geliebt werden. Fühlen wir uns geliebt, dann sind wir zu Veränderungen bereit. Die Antwort auf die Frage »Wie ändere ich meinen Partner?« lautet deshalb: mit *Positivität.* Positive Strategien führen deutlich häufiger und deutlich leichter zum gewünschten Ergebnis.

In diesem Buch geht es also nicht nur um das Verändern-Wollen des Partners und um die Vorteile, die das für eine Partnerschaft hat. Es geht auch um die große Macht der positiven Gefühle, um die Kraft, die positive Worte und positive Handlungen in einer Partnerschaft entfalten. Ich will belegen, dass nicht Beziehungsgespräche und Paardiskussionen den dauerhaften Erhalt einer Liebe gewährleisten, sondern einzig und allein unsere Fähigkeit zu dem, was allen zwischenmenschlichen Beziehungen Halt und Stabilität gibt: Positivität.

Ich will Ihnen in diesem Buch die Vorteile und die vielfältigen Möglichkeiten von positiven Vorgehensweisen zeigen. *Positivität* ist der entscheidende Schlüssel zu einer glücklichen Partnerschaft.

Lena ist noch immer hin- und hergerissen angesichts der Frage, ob sie Paul sagen soll und kann, dass sie sich ein anderes Verhalten von ihm wünscht. Darf sie das? Auch Birte ist sich nach 34 Jahren Ehe nicht im Klaren darüber, ob es legitim ist, Kurt ihre Wünsche zu kommunizieren. Sie hadert mit seinem Schweigen, wenn er von der Arbeit kommt. Sie hadert damit, dass er sich oft nur wenig für sie und ihr Leben interessiert. Sie möchte erzählen, wie ihr Arbeitstag war. Kurt dagegen will auf der Terrasse sitzen, die Sonne genießen – und schweigen. Birte ist damit erkennbar unglücklich. Lange 32 Jahre schon. Trotzdem: Ihre eigenen Bedürfnisse zu respektieren und deshalb den Partner zu verändern, das ist auch für sie eine ungewohnte Vorstellung.

Die Antwort auf die Frage, ob wir unseren Partner verändern dürfen oder sollen, ist in meinen Augen ganz einfach: Natürlich dürfen wir. Und möglicherweise mehr als das. Wir *müssen* unseren Partner verändern, weil wir sonst nicht glücklich werden. Birte ist seit nunmehr 32 Jahren eine unglückliche Ehefrau, Lena droht genau das gleich Los – oder eine Trennung.

Übrigens: Auch Männer wollen in vielen Fällen Veränderungen in ihrer Partnerschaft (oft wollen sie mehr Sex). Deutlich häufiger als Männer sind allerdings Frauen unzufrieden mit ihrer Partnerschaft. Die Liste ihrer Wünsche ist meist lang. Sie enthält wichtige

Punkte, die für den Bestand einer Partnerschaft ebenso entscheidend sind wie für die Zufriedenheit beider Partner mit der Beziehung. Einige Beispiele, die sich oft auf diesen Listen finden:

- Frauen wünschen sich mehr Intimität im Gespräch.
- Frauen wünschen sich mehr Zärtlichkeit im Alltag. Umarmungen. Küsse.
- Frauen wünschen sich mehr Unterstützung im Haushalt und in der Kindererziehung.
- Frauen wünschen sich ein offenes Ohr für ihre Gedanken und Gefühle – ohne einen Ratschlag zu bekommen, wie sie es anders machen könnten.
- Frauen wünschen sich mehr Sex, weil die körperliche Zuwendung in ihrer Partnerschaft seltener ist, als ihnen lieb ist.

Frauen wollen deutlich häufiger als Männer den Partner verändern. Woher kommt dieses Ungleichgewicht? Noch eine gute Frage! Starten wir doch genau mit diesem Punkt: Wie ändere ich meinen Mann? Starten wir mit Kristin, einer resolut wirkenden Frau, die es ein Leben lang unterlassen hat, den Mann an ihrer Seite zu ändern – und die dafür einen hohen Preis zahlen muss.

KAPITEL **ZWEI**

WIESO MEHR FRAUEN IHRE MÄNNER ÄNDERN WOLLEN ALS MÄNNER IHRE FRAUEN

Es ist ein strahlender, sommerlicher Tag, an dem Kristins Ehe zerbricht. Sie hat nach dem Aufwachen wie immer die Vorhänge zurückgezogen. Dann hat sie das Fenster geöffnet, um die frische Luft des Herbstmorgens hereinzulassen. Die Kraniche ziehen gen Süden, sie kann ihre Rufe hören, als sie schon wieder im Bett liegt und sich in ihre Decke kuschelt. Im Garten der Nachbarn kläfft Anton, der Rauhaardackel. In der Ferne läuten die Glocken zum sonntäglichen Gottesdienst.

Und genau in diesem Moment passiert etwas, womit weder Kristin noch ihr Mann Hans gerechnet haben. Hans schiebt seine Hand vorsichtig zu ihr herüber und will ihr unters Nachthemd fahren. Das tut er gern, sonntags, wenn die Kinder, beide bereits erwachsen, noch schlafen. Doch als diese Hand sich auf sie zuschiebt und sie berühren will, da fühlt Kristin zum ersten Mal in 25 Jahren Ehe, dass es nicht mehr geht.

»Ich wollte ihn nicht. Ich wollte nicht berührt werden und ich wollte keinen Sex mit ihm«, sagt Kristin. Sie hatte schon lange das Gefühl, ausbrechen zu wollen aus dieser für sie unbefriedigenden Ehe. Doch wie macht man so etwas? Wie sagt man dem Mann, mit dem man 25 Jahre das Bett geteilt hat, dass jetzt Schluss ist?

»Es gab keine andere Lösung für mich. Ich wusste, ich war nicht glücklich, und ich träumte von einem freieren Leben – ohne ihn.« Sie wünscht sich ein Leben mit einer Liebe, die sich auch wie eine Liebe anfühlt und nicht wie die Stellenbeschreibung einer gut versorgten und gut behandelten Haushälterin. Plus wöchentlichem Sex.

Nie hat Kristin einen Weg gesehen, ihre Vorbehalte gegen die Ehe mit Hans auszusprechen. Immer war etwas anderes wichtiger als das bohrende Gefühl, dass das, was sie mit Hans erlebt, nicht alles gewesen sein kann. Und dann kommt diese Hand von Hans, diese Aufforderung zu ehelichen Intimitäten, und plötzlich legt sich ein Schalter in ihr um.

»Ich wusste in diesem Moment ganz genau, dass ich keinen Sex mit ihm wollte, und ich wusste auch genau, dass ich ihn nie wieder wollte.«

Und so zerbricht ihre Ehe, ganz umstandslos und von einem Augenblick auf den anderen. Sie zerschellt unerwartet und ohne Streit an Klippen, die schon lange da waren, die das Schiff ihrer Ehe aber immer und immer wieder umfahren hat.

»Wenn ich keinen Sex mehr mit ihm will, dann will ich auch keine Ehe mehr, dann muss ich gehen«, sagt Kristin. Sie strahlt bei diesen Worten, die sie mit Nachdruck ausspricht, voller Konsequenz gleichsam, Worten, denen sie damals auch umgehend Konsequenzen folgen ließ. Und es ist noch immer zu hören, wie sehr dieses Ende sie befreit hat von einer Last.

Und Hans? »Er fiel aus allen Wolken«, sagt Kristin. Von der Unzufriedenheit seiner Frau, von ihren Zweifeln an der Ehe hatte der erfolgreiche Ingenieur nicht die leiseste Ahnung. Für die Sorgen und Nöte von Kristin hatte er sich aber auch nie sonderlich interessiert. Hans hat seine Ehe wie im Blindflug absolviert. Und steht nun vor einem Scherbenhaufen.

Kristin zieht in einen weit entfernten Kurort, der ihr in einem früheren Urlaub einmal sehr gefallen hat. Sie bezieht dort eine kleine Wohnung mit eineinhalb Zimmern im Dachgeschoss über einer Metzgerei. Dort hört sie sonntags die Schweine quieken, die ihr junges Leben lassen müssen für Blutwurst und Leberpastete, während Kristins eigenes Leben in gewisser Weise ja gerade erst richtig beginnt. Sie sucht sich umgehend eine Arbeit und ist fortan ein glücklicher Single. Endlich.

EINE BEZIEHUNG – ZWEI WAHRHEITEN

Fragt man zwei Partner getrennt voneinander, wie es in ihrer Partnerschaft läuft, wie zufrieden sie sind oder wie glücklich, dann bekommt man oft zwei sehr unterschiedliche Antworten – gleichsam zwei Wahrheiten. Der Mann ist zufrieden. Er strahlt möglicherweise sogar und kann sich ein schöneres Leben als das derzeitige nicht vorstellen. Die Frau dagegen antwortet deutlich verhaltener. Oder sie ist gar reichlich ungehalten mit ihrer Beziehung, so ungehalten, dass man den Eindruck bekommen kann, sie wolle bald schon die Scheidung einreichen, ganz so wie Kristin es ein halbes Jahr nach ihrer Silberhochzeit und wenige Monate nach ihrem Auszug zur Überraschung ihres Mannes getan hat.

Warum ist das so? Warum gibt es in vielen Partnerschaften so starke Unterschiede in der Zufriedenheit? Schauen wir uns die wichtigsten Gründe einmal an.

Erster Grund: Berufliche Anerkennung

Männer sind zufriedener, weil sie meist in der besseren beruflichen Position sind. Sie bekommen in der Arbeit oft reichlich Anerkennung. Mit einer Familie im Rücken sind viele Männer beruflich zielstrebiger und kommen schneller voran. Das lässt sie zufrieden sein mit ihrer Beziehung – auch wenn es ab und an nicht so gut läuft.

Kristin war Hausfrau, die Anerkennung durch den Beruf fehlte ihr schon lange. Doch auch wenn beide Partner arbeiten, ziehen Frauen in der Regel nicht gleich viel Anerkennung daraus. Eine Frau mit Familie macht deshalb ja nicht etwa Karriere – wie er. Das Gegenteil ist der Fall. Frauen stecken beinahe immer zurück. Der Beruf des Mannes dagegen geht vor. Sie muss sich ihm und seinen Arbeitszeiten anpassen. Ist er Ingenieur und bei einem großen Elektrokonzern beschäftigt – so wie Hans –, dann kann es schon mal passieren, dass er eines Morgens zur Arbeit kommt und sein Chef teilt ihm mit, dass er bereits am nächsten Tag zu einem Auftragsfertiger in China abreisen muss. Seine Frau ist dafür zuständig, ihm den Rücken frei zu halten. Sie muss häufig zurückstecken – der Kinder und der Arbeit ihres Mannes zuliebe. Eine Chance auf berufliche Fortentwicklung hat sie entweder nicht oder nur eingeschränkt – einerlei, wie gut ausgebildet sie ist. Keine Frage, die beruflichen Chancen sind zwischen den Partnern in der Regel noch immer ungleich verteilt. Und deshalb sind Frauen unzufrieden.

Zweiter Grund: Männer haben mehr zu verlieren

Auch in einer eher lieblosen Partnerschaft sind Männer in der Regel immer noch zufriedener als ihre Frauen. Sie wissen, dass ein Leben als Single für sie ein hartes Brot wäre. Sie haben oft keinen oder nur einen kleinen Freundeskreis. Sie haben wenig Geschick, es sich in einer Wohnung schön zu machen. Sie können allenfalls ein Spiegelei braten und wissen nicht, wie man die Waschmaschine bedient. All diese Kleinigkeiten, den ganzen »Alltagskram« erledigt ihre Frau, sie pflegt die Kontakte zu Freunden, sie kümmert sich um eine schöne Wohnung, sie kocht und macht die Wäsche – und das alles tut sie auch dann, wenn die Stimmung in einer Partnerschaft schon auf dem Nullpunkt ist. Also harren die Männer aus. Sie haben durch eine Trennung mehr zu verlieren als ihre Frauen.

Dritter Grund: Die Hausarbeit

Männer beteiligen sich nach wie vor nicht angemessen an der Hausarbeit. Ihren Frauen entgeht das nicht. Und es macht sie unzufrieden. Zudem führt es dazu, dass viele Frauen sich verbessern können, indem sie sich trennen. Sie haben dann weniger Arbeit. Nichts ist so gefährlich für eine Partnerschaft wie die Tatsache, dass eine Trennung klare Vorteile bringt.

Für Männer gibt es diesen Vorteil nicht. Sie erwartet, sind sie erst wieder Single, eine Menge an so ungewohnten wie ungeliebten Aufgaben. Sie müssen sich der Tatsache stellen, dass sich in der Küche das Geschirr stapelt, der Flur voller Wollmäuse ist und die Waschmaschine einmal mehr einen Socken verschluckt hat. Das alles gilt zumindest für den Fall, dass sie es ohne jede Absicherung zu einer Trennung haben kommen lassen. Viele Männer sorgen deshalb vor. Sie sichern sich ab und suchen schon vor einer Trennung nach der nächsten Frau. Und dann darf die sich um das Geschirr kümmern, um die Wollmäuse und das ebenso unerklärliche wie bizarre Phänomen des plötzlichen Sockenschwunds.

Vierter Grund: Mangel an Vitamin A, B und R

Anerkennung, *Bestätigung* und *Respekt* sind drei Kernbestandteile einer glücklichen Partnerschaft, quasi lebenswichtige Vitamine. Männer bekommen in der Regel deutlich mehr Anerkennung, Bestätigung und Respekt von ihren Partnerinnen als diese im Gegenzug von ihnen. Auch hier findet sich also eine ungleiche Verteilung zwischen den Geschlechtern, die die Zufriedenheit in der Partnerschaft beeinträchtigt.

Frauen sind in ihren Partnerschaften oft regelrecht »mangelernährt«. Sie dürsten nach mehr Anerkennung und Bestätigung und Respekt – sie sehen aber in den meisten Fällen keine Möglichkeit, diese auch zu bekommen.

Hat ein Mann Stress mit dem Chef, dann bekommt er in der Regel Rückhalt und Unterstützung durch seine Frau. Sie stärkt ihm den Rücken – und er genießt diese emotionale Unterstützung. Kommt eine Frau von der Arbeit und hatte Stress, dann sind viele Männer nicht bereit, ihre Frauen ebenfalls emotional zu unterstützen. Statt »mein armer Schatz« zu sagen, erteilen sie ihrer Partnerin lieber einen Ratschlag.

Das bedeutet: Männer bekommen jede Menge emotionaler Unterstützung durch ihre Partnerinnen und genießen das auch. Die Frauen aber gehen oft leer aus. Sie bekommen statt Verständnis einen guten Rat. Etwa dazu, wie sie ihre Arbeit in Zukunft besser hinbekommen könnten, wenn sie von Problemen bei der Arbeit erzählen. Emotionale Unterstützung sieht anders aus. Und deshalb sind Frauen unzufrieden.

Fünfter Grund: Der Glaube an die Macht der Gefühle

Männer glauben stärker als Frauen, dass eine Partnerschaft allein aufgrund der Gefühle Bestand hat. Frauen dagegen tendieren dazu anzunehmen, dass für eine Partnerschaft Liebesbeteuerungen (»Aber was hast du nur: Ich liebe dich doch!«) nicht ausreichen. Sie erwarten auch liebevolle Taten. Zu Recht, wie die Forschung eindrücklich belegt.

Er glaubt an romantische Gefühle – sie will konkrete Taten sehen. Dieser Widerspruch belegt: Es sind die Frauen, die in puncto Liebe rational denken und handeln. In Sachen Liebe sind Frauen also die Realistinnen – und Männer folgen unrealistischen Annahmen. Leider finden Frauen oft keinen Weg, den Mann an ihrer Seite zu einem anderen Verhalten zu bewegen, zu liebevollen Taten also. Und weil sie nicht bekommen, was sie sich wünschen, sind sie unzufrieden.

Sechster Grund: Die Pathologisierung

Ist eine Frau öfter mal ungehalten oder kritisiert sie ihren Mann, greifen viele Männer auf psychiatrische Diagnosen zurück, um zu erklären, warum es in ihrer Partnerschaft zu Schwierigkeiten kommt. Es liegt an ihr. Punkt.

»Sie ist hysterisch«, sagen sie dann. Oder einfacher ausgedrückt: »Hilfe, meine Frau spinnt. Sie ist ein Fall für den Psychiater.« Auf diese Weise setzen Männer sich mit der Unzufriedenheit ihrer Partnerinnen gar nicht erst auseinander – und vergrößern sie damit noch. Unzufrieden zu sein ist unangenehm genug. Interessiert das den Partner aber nicht oder weist er die Verantwortung dafür weit von sich, dann ist das frustrierend – und vergrößert die Unzufriedenheit noch weiter.

Siebter Grund: Für den anderen da sein

Fragt man eine Frau, über welche drei oder fünf oder zehn Dinge sich ihr Mann besonders freuen würde, dann erhält man in der Regel umgehend eine Antwort. Eine Frau weiß nach meiner Erfahrung als Berater zumeist sehr genau, was ihren Mann erfreut. Stellt man die gleiche Frage einem Mann, dann wird es schwieriger. Manche Männer geben sich keinerlei Mühe herauszufinden, was ihre Frauen freuen könnte, und sehen auch keinen Anlass, irgendetwas in diese Richtung zu unternehmen. Auch hier zeigt sich ein deutliches Ungleichgewicht: Frauen haben es schwerer, das zu bekommen, was sie sich wünschen – und deshalb sind sie unzufrieden.

Frauen sind aus guten Gründen unzufrieden

Das waren jetzt die sieben wichtigsten Gründe, warum Männer oft deutlich zufriedener in ihrer Partnerschaft sind als Frauen. Es gibt natürlich noch einige mehr. So hat eine geringe emotionale Verbindung zwischen den Partnern weitere negative Folgen: Sie wirkt sich oft gravierend auf die Erotik aus. Frauen sind in der Sexualität stärker als Männer auf eine gute Stimmung in der Beziehung angewiesen. Wenn sich die Stimmung verschlechtert, sinkt bei Frauen meistens auch die Lust auf Zweisamkeit und Sex. Weniger Sex als gewünscht ist allerdings für beide Geschlechter ein unangenehmer Zustand, was wiederum dazu führt, dass sich die Stimmung noch weiter verschlechtert. Das ist so, weil beim Sex große Mengen an Glücks- und Bindungshormonen ausgeschüttet werden – und auf die verzichten zu müssen, bekommt keiner Beziehung gut.

Mein Fazit: Frauen wollen mehr Anerkennung und mehr Bestätigung, mehr Wertschätzung und mehr emotionale Unterstützung. Sie wollen das, weil sie es brauchen, um in einer Beziehung glücklich zu sein. Und weil diese für eine Partnerschaft lebenswichtigen Güter in ihrer Partnerschaft möglicherweise auch noch ungleich verteilt sind. Zu ihren Ungunsten.

Frauen sind aus guten Gründen unzufrieden. Und sie haben deshalb in der Regel auch deutlich mehr Gründe, sich die entscheidenden Fragen zu stellen: Was muss passieren? Was kann ich selbst tun, um die Situation zu verbessern? Und: Wie ändere ich meinen Mann?

WIE SCHWEIGEN ZUR TRENNUNG FÜHRT

Viele der aufgeführten sieben Gründe für die Unzufriedenheit in der Partnerschaft lassen sich auch in der Ehe von Hans und Kristin erkennen. Kein Zweifel: Die Vor- und die Nachteile waren in ihrer Beziehung ungleich verteilt. Für Hans überwogen die Vorteile. Für Kristin die Nachteile. Hans hatte einen interessanten Beruf, der ihm Anerkennung, Bestätigung und ein gutes Einkommen einbrachte. Kristin hatte den Haushalt im Griff, tun musste Hans hier nichts. Auch für die Kinder sorgte sie. Und zum Sex kam es in seinen Augen oft genug. Was wollte er also mehr?

Kristin hingegen war »nur noch« Hausfrau, fühlte sich manchmal unausgefüllt und vermisste in ihrer Ehe schon lange das echte Interesse ihres Mannes. Sie hatte Kinder – und die waren für lange Zeit ihr ganzer Lebensinhalt. Doch schließlich waren die beiden Jungen erwachsen und gingen eigene Wege. Bald würden sie ausziehen. Die Ehe ergab in Kristins Augen keinen Sinn mehr. Und als das klar war, sagte ihr Gemüt eines Sonntagmorgens einfach Nein zur ehelichen Sexualität – und das Kartenhaus ihrer Partnerschaft stürzte ein.

Nichts sehen, nichts hören, nichts sagen …

Wie viel hat Hans gewusst von Kristins Unzufriedenheit? Wenig bis gar nichts. Für Kristin passte es nicht zu ihrem Selbstbild, ihrer Rolle, ihre Unzufriedenheit mit Hans zu besprechen. Das widersprach dem Bild einer guten Ehefrau, das Kristin schon in ihrem Elternhaus vermittelt worden war. Also schwieg sie. Bis zum Schluss.

Hat Kristin die Entscheidung für eine Trennung je bereut? »Aber nein«, sagt sie und lacht. Warum auch? Sie war mit sich im Reinen. Die Trennung war richtig, auch wenn danach nicht alles so verlief wie gedacht. Sie hat die erhoffte Liebe nicht gefunden. Doch das ficht sie nicht an. Auch wenn der richtige Mann jetzt schon mehr als 20 Jahre auf sich warten lässt. Kristin, jetzt 67 Jahre alt, lässt sich dadurch nicht beirren. Dann sucht sie eben weiter – in Cafés, im Buchladen und seit einigen Jahren auch im Internet. Kristin schaut nachdenklich aus dem Fenster. Im Garten blüht der Flieder. Die Schwalben brüten. Wie einfach das Leben doch für Schwalben ist! Keine nervenaufreibenden Trennungen. Keine umständliche und langwierige Suche nach dem passenden Partner! Und keine Notwendigkeit, den einmal gefundenen Partner zu verändern.

Er ist, wie er ist?

Den Partner ändern? Kristin hat das ganz offensichtlich nicht getan. Sie hat ihn so genommen, wie er war, nach einem wenig romantischen Heiratsantrag, im Innenhof von Siemens. Er ist, wie er ist – das war die Devise, die ihre Ehe eines Tages scheitern lassen würde.

Dass sie sich irgendwann einmal trennen würde, stand für Kristin schon lange fest. Lange vor dem idyllischen Sonntagmorgen mit Kranichrufen und Dackelgebell, der den Schlusspunkt setzte. Lange vor der schönen Feier im Familienkreis, die zu ihrer Silberhochzeit stattfand. Wann? Vielleicht mit der einsetzenden Pubertät der Söhne. Fakt ist: Kristin hat sich nicht für Veränderungen eingesetzt, die ihrer Partnerschaft mehr Inhalt und mehr Substanz gegeben hätten. Das war ihr nicht gegeben, als Tochter aus einem Elternhaus, in dem sie vor allem gelernt hatte, Rollen auszufüllen und Erwartungen nicht zu enttäuschen.

Kristin hat viel geträumt in all den Jahren ihrer Ehe. In diesen Träumen kam Hans nicht vor. In ihrer Fantasie lebte sie eine tolle Liebe, voller Aufmerksamkeiten und Innigkeit.

Gegen die üppige Vorstellungskraft unserer Fantasie hat die Wirklichkeit meist keine Chance. Sie erscheint wie ein schaler Abglanz der einzigen wahren und richtigen Liebe, die mit der Realität oft wenig zu tun hat.

»Ich habe mein Leben lang auf die richtige Liebe gewartet«, sagt Kristin. Ob sie sie je finden wird? Gut möglich, dass sie ihr ganzes weiteres Leben lang Single bleiben und von der großen Liebe träumen wird.

Hans wusste von alledem nichts. Ein wenig unfair ist das schon. Denn wenn aus den vagen Fantasien eine konkrete Absicht geworden ist, dann hat der Partner überhaupt keine Chance mehr. Was auch immer er jetzt tut – es ist zu spät. Deshalb bleibt die Frage stehen: Warum hat Hans von den Träumereien seiner Frau eigentlich nichts gewusst? Wieso hat Kristin im gar nichts davon erzählt? Wie soll sie denn bekommen, was sie sich wünscht, wenn sie Hans nicht an ihren Träumen teilhaben lässt? Träume zu haben, ist völlig in Ordnung, Wünsche ohnehin. Aber sie sind einer Partnerschaft nur zuträglich, wenn der Partner oder die Partnerin diese Träume und Wünsche auch kennt.

Ob Hans bereit gewesen wäre zu Veränderungen? Womöglich. Wir werden es nicht erfahren – und Kristin auch nicht. Deshalb ist es besser, wenn ein Mann weiß, was die Frau an seiner Seite sich wünscht. Kristin hätte versuchen können, ihren Mann zu verändern. Sie hätte erkennen können, dass es nicht nötig ist, den Mann an ihrer Seite einfach so zu lassen, wie er nun mal ist. Dann wäre ihr möglicherweise diese endlose Folge an Beziehungsversuchen erspart geblieben, die sie in den letzten zwei Jahrzehnten erlebt hat. Keiner der Männer war nach dem Ende der anfänglichen Verliebtheit noch ein geeigneter Kandidat für das, was sich Kristin unter der *richtigen Liebe* vorstellt.

Den Partner ändern – mit diesem Vorgehen hätte es Kristin schon in ihrer Ehe versuchen sollen. Und vielleicht hätte sie bei dem Versuch, den Mann an ihrer Seite zu ändern, festgestellt, dass sie die große Liebe gar nicht mehr suchen muss, nicht in Cafés, nicht in Buchhandlungen und auch nicht im Internet. Sondern dass sie sie bereits gefunden hat. Vor 25 Jahren. Im Innenhof von Siemens.

#RegelNummer1:

Den Partner so zu lassen, wie er ist, hilft nicht.

KAPITEL **DREI**

WIESO WIR SCHEITERN, WENN WIR VERSUCHEN DEN PARTNER ZU ÄNDERN

Birte zieht sich den Poncho über und schaut noch einmal in den Spiegel. Die leuchtend blonden Haare fallen bis über ihre Schultern. Eine Strähne hat sie mit Henna gefärbt. Sie freut sich auf die Verabredung mit Kurt – und wie sie sich freut! Wie nervös er war, als er sie zu einem Kaffee eingeladen hat.

Seit acht Monaten erst wohnt und arbeitet sie hier in Kiel. Es ist ihre erste Stelle nach dem Studium. Und dann kommt die Einladung zur Hochzeit ihrer Arbeitskollegin Renate. Birte liebt Hochzeiten. Schon als Kind freute sie sich riesig auf solche Feiern und stand stundenlang von dem Spiegel, um sich kleine Zöpfe zu flechten. Sie kann sich noch an alle Hochzeiten erinnern, bei denen sie als Kind mit ihren Eltern war. Immer hatte sie sich gegrämt, dass sie noch nicht mitmachen durfte beim Fangen des Brautstraußes. Dabei wollte sie doch so gern auch eine Braut sein! Sie sah ihre Zukunft schon damals genau vor sich: Die Blumenkinder streuen Blütenblätter auf ihren Weg. Ihre Eltern schauen sich gerührt an und liegen sich in den Armen. Sie selbst lacht glücklich und tanzt den ersten Hochzeitswalzer mit einem Mann – mit ihrem Mann.

Die Hochzeit von Renate wird Birte in ganz besonderer Erinnerung bleiben. Hier lernt sie Kurt kennen, den Mann ihres Lebens. Kein unverbindlicher Flirt. Kein One-Night-Stand. Kurt erscheint ordentlich mit Anzug und Krawatte. Birte kommt im bunten Batikhemd und mit einer Blume hinter dem Ohr. Gentleman trifft Flower-Power. Die Gegensätze liegen auf der Hand. Doch die Anziehung ist groß.

Kurt ist der Fels in der Brandung, das spricht Birte an. Sie ist lebendig und spontan. Der etwas steife Kurt ist begeistert. Den ganzen Abend unterhalten die beiden sich. Als Birte gehen will, fragt Kurt sie nach ihrer Telefonnummer und ruft sie drei Tage später an. Und so hat Birte heute ein Date.

Sie freut sich riesig auf ihre Verabredung mit Kurt. Sie weiß, dass er begeistert von ihr ist. So deutlich hat sie das noch nie bei einem Mann gespürt. Fast fühlt sie sich ein wenig verliebt, schon jetzt, vor der ersten Verabredung. Birte sieht ihr Leben genau vor sich liegen – es wird ein Leben voll bunter Ereignisse sein, vieler schöner Reisen in ferne Länder, ein Leben mit zwei Kindern und mit einer nie endenden Liebe zu ihrem Mann. Von all dem ist sie zutiefst überzeugt. Wie einfach das Leben doch ist, wenn wir jung sind. Und wenn wir es uns nur vorstellen müssen.

Birte wirft einen letzten prüfenden Blick in den Spiegel und steckt sich eine Blume über das rechte Ohr. Dann knipst sie das Licht aus und macht sich auf den Weg ins Café Luna. Café Luna – wie romantisch das klingt! Ihre Schritte sind leicht und beschwingt. Sie ist unbeschwert und voller Hoffnungen. Sie hat eine Verabredung! Eine sehr aussichtsreiche Verabredung! Das ist alles, was jetzt gerade für sie zählt.

WARUM MANCHE VERÄNDERUNGSVERSUCHE ERFOLGLOS BLEIBEN

Vielleicht ist es ja gut, dass wir nicht wissen, was uns in der Liebe erwartet, wenn wir mit beschwingten Schritten in ein Café gehen. Oder zum Tanzen. Birte hat keine Ahnung von dem, was wirklich vor ihr liegt. Ja, sie wird ihr Hochzeitsfest bekommen. Die Blumenkinder streuen Blüten auf ihren Weg. Und sie tanzt Walzer mit Kurt. Sie lacht und wirft den Brautstrauß hinter sich. Und ihre

Eltern schauen einander tief gerührt an und wischen sich verstohlen eine Träne aus den Augenwinkeln. Das alles hat Birte erwartet, ja ersehnt. Von den anderen Begleiterscheinungen ihrer Ehe aber hat sie nicht die geringste Ahnung:

- Die nagende Unzufriedenheit mit ihrem Mann, die nach zwei Jahren etwa einsetzt. Und für die sie keine Lösung findet, so sehr sie sich auch bemüht.
- Die heftigen Wutanfälle, die sie mehrmals im Jahr hat.
- Die Sexualität, die mit der Zeit seltener und liebloser wird.
- Ihre hilflosen Versuche, das alles zu ändern und zum Besseren zu wenden – 32 Jahre lang.
- Die junge Praktikantin, die ihr schließlich Avancen macht.

Birte versucht einiges in all den Jahren. Es gibt Aussprachen – die nichts ändern. Es gibt Krisengespräche – und alles bleibt beim Alten. Und es gibt Untreue. Ja, sie hat der Versuchung nicht widerstanden und hat es mit der hübschen jungen Frau aus ihrer Firma versucht. »Ich dachte, wenn mich jemand gut verstehen kann, wirklich verstehen, dann eine Frau.« Birte findet Anerkennung, Wertschätzung und emotionalen Rückhalt bei Sarah.

»Unsere Gespräche waren perfekt«, sagt Birte. »Aber beim Sex war ich nur mit halbem Herzen dabei.« Sex mit einer Frau gefällt Birte nicht. Zudem ist Sarah 20 Jahre jünger. Es ist schwer, einen so großen Altersunterschied in einer Beziehung zu überbrücken. Das ergeht auch Birte und Sarah so. Was wie eine Liebesromanze beginnt, mit Verliebtheitsgefühlen auf beiden Seiten, entpuppt sich am Ende als eine ganz normale Affäre. Ein Seitensprung, mehr nicht. Aussichtslos von Anfang an, wie die meisten.

Am Ende kehrt Birte zu Kurt zurück – und versucht die Scherben zusammenzufegen. Die Zeit heilt alle Wunden, heißt es. Das mag bei Liebeskummer so sein. Auch mit anderen Verlusten können Menschen sich mit der Zeit bemerkenswert gut arrangieren, zum Beispiel wenn der Partner stirbt. Sie akzeptieren das

Geschehene – und schauen nach vorn. Doch für die Untreue in einer Beziehung gilt das ebenso wenig wie für eine über die Jahre und Jahrzehnte gewachsene Unzufriedenheit in der Partnerschaft. Nichts davon wird mit der Zeit wirklich besser. Die Wunde heilt nicht – sie eitert. Das hat einen Grund: Der Blick nach vorn verheißt hier nichts Gutes. Wie auch. Woher soll die Hoffnung auf Besserung denn kommen?

Sicher: Kurt ist froh, Birte zurückzuhaben. Doch wie soll es jetzt weitergehen mit den beiden? Nach einer Affäre steigt das Gefühl der Verbundenheit innerhalb einer Partnerschaft in der Regel nicht an. Alles ist wie zuvor. Mit einem Unterschied: Der Partner oder die Partnerin war untreu und das schmerzt und verunsichert – zusätzlich zu all den Problemen, die es schon vor der Untreue gab. Auch Birte und Kurt ergeht das so. Nichts ist besser nach der Affäre.

Und so flieht Birte nach zwei Jahren erneut, diesmal in die Arme eines Mannes. Nun hat sie zwei Männer. Einen Ehemann und einen Geliebten. Und die Probleme bleiben. Dann der Schock: Drei Tage nach Birtes 50. Geburtstag wird bei ihrem Liebhaber Krebs diagnostiziert. Hodenkrebs mit Knochenmetastasen. Bei allen Fortschritten der Medizin – ein aussichtsloser Fall.

»Es war wie ein Blitz, der einschlug.« Er lässt Birte in einer Art Schockstarre zurück.

Noch heute sieht Birte sich im Flur stehen, das Telefon in der Hand. »Ich dachte: Das ist das Ende.«

Im Spiegel sieht sie den tiefen Schrecken in ihren Gesichtszügen, den fassungslosen Blick, sieht ihre Schultern, die kraftlos nach vorn hängen. Und dann ist alles mit einem Mal weit weg und verschwommen. Sie sieht sich nur noch durch einen starken Tränenschleier.

Sechs Monate später ist alles vorbei. Und in Birte breitet sich eine große Leere aus.

Wie trauert man um einen Mann, der der Liebhaber war? Wie geht man damit um, dass der eigene Mann mit ansehen muss, wie sehr der Verlust einen schmerzt? Wie soll Birte damit umgehen, dass ihre Trauer um den Liebhaber Kurt kränkt? Es gibt keinen Weg, aus so einer Situation ohne seelische Verletzungen herauszukommen. Für beide Partner nicht.

Nach diesem dramatischen Ende ihrer Liebschaft hat Birte keinen Elan mehr, sich Affären zu suchen. Auch der eheliche Sex ist bereits seit Jahren eingeschlafen. Was bleibt, ist Birtes Unzufriedenheit. Und ihre regelmäßigen Wutausbrüche.

Birte setzt die Teetasse ab und fährt sich wiederum durch die blonden Haare. Sie muss einmal eine sehr schöne Frau gewesen sein. Jetzt wirkt sie erschöpft, müde, unglücklich.

Warum auch sollte Birte glücklich sein? Ihr Liebesleben ist seit drei Jahrzehnten ein einziger großer Frust. Trotz all ihrer Bemühungen, das zu ändern. Birte hat bislang nichts erreicht, außer einem völligen Versiegen der Sexualität innerhalb wie außerhalb der Partnerschaft und dem dumpfen Gefühl des Versagens. Bei sich selbst ebenso wie bei Kurt. Frustrierend.

Der einzige Lichtblick in Birtes Augen: Trotz all der Verletzungen sind Kurt und sie noch immer ein Paar. Und sie wollen es auch beide bleiben.

Regel Nummer 1

Kehren wir noch einmal zurück zu Regel Nummer 1 (► Seite 31): Wir *müssen* in einer Partnerschaft versuchen, den Partner zu verändern. Nichts zu tun, hilft nicht gegen Unzufriedenheit. Den Kopf in den Sand zu stecken wie der Vogel Strauß ist immer eine schlechte Idee – weil die Probleme mit der Zeit nicht kleiner werden, sondern größer.

Das Beispiel von Birte und ihrem Mann Kurt zeigt aber ebenso deutlich, dass auch der Versuch, den Partner zu ändern, mitunter zu dem gleichen Ergebnis führen kann: Keine Änderungen. Nur Frust. »Ich habe wirklich alles versucht«, sagt Birte. Ihre Stimme klingt traurig. Und wütend. Wütend auf Kurt. Traurig über den Schlamassel ihrer Ehe.

Birte spielt das Schuldspiel.

»Ich habe wirklich alles versucht.« Das sind Birtes Worte über ihre Ehe. Sie wiederholt sie gern. Viele Ratsuchende in einer Paarberatung hängen an die Schilderungen ihrer Paarprobleme enttäuscht diesen Satz an. Damit ist Birte also kein Einzelfall. Und all diese Menschen wollen auf die Weise vor allem sagen: »An mir lag es jedenfalls nicht.«

Das ist ein wenig so, als wenn zwei Fünfjährige sich gegenseitig erst die beliebte rote Schippe rauben und um die Förmchen streiten, nur um sich anschließend auch noch mit Sand zu bewerfen. Am Ende sitzen sie heulend und mit Sand in Haaren, Augen und Mund in der Buddelkiste. Ein Bild des Jammers. Kommen die Eltern hinzu, um den Streit zu schlichten und ihre Kinder vom Sand zu befreien, dann erzählen beide Kinder die gleiche Geschichte: »An mir lag es nicht.«

Sie spielen das Schuldspiel.

Nicht anders ist es bei Birte. Auch sie hat sich um die rote Schippe gestritten und um die Förmchen und anschließend hat sie mit Sand geworfen. Und nun sitzt sie heulend in der Buddelkiste, ein Bild des Jammers. Und es geht ihr nur darum festzustellen, wer schuld ist an dem Schlamassel ihrer Ehe. Ihr Credo lautet: *Kurt ist schuld.*

Wutausbrüche, Kritik und Beziehungsgespräche, um Veränderungen zu bewirken?

Birte denkt, dass sie *alles* versucht hat, um ihren Mann zu einer Veränderung zu bewegen. Doch das ist erkennbar nicht wahr. Denn sie hat es all die Jahre immer und immer wieder mit drei unterschiedlichen Methoden versucht.

- Birte hat Beziehungsgespräche mit Kurt geführt.
- Birte hat Kurt kritisiert, hat ihm seine Fehler vorgeworfen, seine Schwächen und Versäumnisse. Beziehungsweise das, was sie für seine Fehler, Schwächen und Versäumnisse hält.

- Birte hat Kurt heftige Szenen gemacht mit Wutausbrüchen, Weinen und knallenden Türen.

Beziehungsgespräche, Kritik und Wutausbrüche: das ist Birtes Verhaltensrepertoire. Andere Möglichkeiten kennt sie entweder nicht – oder sie zieht sie nicht in Betracht. Trotz der vielen Niederlagen mit diesen drei Vorgehensweisen.

Ich weiß nicht, welche Erfahrungen Sie in Ihrer Partnerschaft mit Wutausbrüchen gemacht haben, mit Kritik und Vorwürfen oder mit Beziehungsgesprächen. Sind es gute Erfahrungen? Oder eher schlechte? Ich tippe auf das Letztere, denn das höre ich immer und immer wieder, wenn Paare von ihren Versuchen berichten, den anderen zu Veränderungen zu bewegen.

Beziehungsgespräche, Kritik und Wutausbrüche – alle drei Vorgehensweisen sind ausgesprochen populäre Strategien, die von vielen Menschen genutzt werden. Von Männern wie von Frauen. Auch viele Frauenzeitschriften raten zu Beziehungsgesprächen und offenen, kritischen Worten. Wer es damit versucht hat, weiß die Antwort: Die Ergebnisse sind bescheiden bis frustrierend. Die Frage ist allerdings: Wie kommt das? Warum wirken diese Methoden nicht so, wie wir uns das erhoffen?

Um das zu verstehen, sehen wir uns den Ablauf von Beziehungsgesprächen, Kritik und Wutanfällen in den folgenden Kapiteln erst einmal genauer an und ich erläutere deren Wirkung. Danach wissen Sie genau, warum das alles nicht funktionieren kann. Und dann schauen wir uns nach besseren Alternativen um.

KAPITEL **VIER**

WIESO BEZIEHUNGS-GESPRÄCHE PARTNER-SCHAFTEN RUINIEREN

Die meisten Männer kennen das Beziehungsgespräch. Sie mussten es schon einmal mit einer Partnerin führen. Es hat ihnen – vorsichtig formuliert – nicht behagt. Sie haben es durchlitten. Und danach keine Lust auf eine Fortsetzung verspürt.

Die meisten Frauen kennen das Beziehungsgespräch ebenfalls. Sie haben es schon einmal mit einem ihrer Partner geführt. Mit mäßigem Erfolg. Aber etwas anderes fiel ihnen nicht ein, um ihren Partner zu einer Verhaltensänderung zu bewegen. Also haben sie es weiterhin damit versucht.

Frauen sagen zur Einleitung eines Beziehungsgespräches gern: »Wir müssen reden.« Die meisten Männer fürchten kaum etwas so sehr wie diese drei Worte. Sie ahnen, dass ihnen ein Beziehungsgespräch bevorsteht. Und dass sie sich danach schrecklich fühlen werden. Ihre Ahnung trügt sie nicht. Sie fühlen sich am Ende tatsächlich schrecklich. Das ist keinesfalls ihr persönliches Problem. Es liegt an den drei wichtigsten Zutaten des Beziehungsgesprächs, das drei Kernbestandteile hat:

- Der erste Teil geht so: »Ich bin ja SOOOOO unglücklich.«
- Der zweite Teil lautet etwas verkürzt: »Es liegt an dir! Du bist schuld.«
- Und der dritte Teil enthält mehr oder weniger die Aufforderung: »Bessere dich endlich! Und zwar umgehend.«

Ein Beziehungsgespräch ist also im Kern gar kein Gespräch. Es ist vielmehr eine Anklage, gespickt mit Vorwürfen an den anderen. Es ist eine geballte Ladung *Negativität*. Die muss der Partner anschließend erst einmal verdauen. Und das fällt ihm schwer.

Was erwarten wir eigentlich, wenn wir ein Gespräch auf diese Weise führen? Erwarten wir, dass der Partner positiv reagiert und seine Fehler einsieht? Erwarten wir ernsthaft, dass er sagt: »Ich bin ja so froh, dass du mir das endlich mal so deutlich gesagt hast. Danke. Ich werde mich bemühen, ein besserer Mensch zu werden. Sag mal – was hältst du von Sex heute Abend?«

Nein, so reagiert natürlich niemand.

BEZIEHUNGSGESPRÄCHE MACHEN UNGLÜCKLICH – ZUERST DIE MÄNNER

Vielleicht haben Sie es, so wie Birte, in der Vergangenheit auch schon mal mit einem Beziehungsgespräch versucht. Dann wissen Sie aus eigener Erfahrung, wie das Ergebnis aussieht. Es ist negativ. Auch wenn Sie bislang vielleicht geglaubt haben, nur Ihr Mann sei so stur, nur er reagiere auf Beziehungsgespräche ungehalten und abweisend – Sie wissen jetzt, dass das nicht so ist.

Die Forschung bestätigt diesen Befund aus der Beratung. Nach einem Beziehungsgespräch fühlen sich Frauen deutlich erleichtert. Sie haben – in ihren Augen – einfach nur ausgesprochen, wo sie der Schuh drückt. Und sie sind froh, ihren Unmut in Worte gefasst zu haben. Die Männer aber sind anschließend unglücklich. Ich kann sie verstehen.

Eine erleichterte Frau und ein unglücklicher Mann – es leuchtet ein, dass das keine gute Lösung ist. Ein erleichterter Mann und eine unglückliche Frau, das ist in der Summe auch nicht besser. Auch das vergrößert nicht das gemeinsame Glück eines Paares. Und einer Veränderung sind die beiden nachher nicht näher als vorher. In der Regel ist sogar das Gegenteil der Fall. Das macht Beziehungsgespräche so nutzlos.

Reagieren Frauen positiv auf Beziehungsgespräche?

Wie würden Frauen wohl reagieren, wenn ihre Männer ihnen klar und unmissverständlich mitteilen würden, dass sie »sooo unglücklich« mit ihnen sind, dass sie (die Frauen) »schuld daran sind« und dass sie sich umgehend »bessern« sollen?

Ich habe keinen Zweifel, was passieren würde, wenn von heute auf morgen die Männer anfangen würden, mit ihren Frauen solche Beziehungsgespräche zu führen. Frauen wie Männer sind an diesem Punkt gleich gestrickt: Sie mögen Negativität nicht. Sie verabscheuen sie.

Kaum eine Frau käme auf den Gedanken, auf eine harsche Kritik ihres Mannes mit Selbstkritik und Dankbarkeit zu antworten. Warum auch? Auf Kritik reagieren Menschen in aller Regel mit einer Gegenkritik. Auf Vorwürfe mit Gegenvorwürfen. Das ist keine männliche Absonderlichkeit. Männer wie Frauen reagieren so. Da gibt es keinen Geschlechterunterschied.

Obwohl Frauen also selbst nicht positiv auf Beziehungsgespräche reagieren, halten sie dieses Vorgehen gegenüber ihren Partnern trotzdem für den richtigen Weg. Ein seltsamer Widerspruch, den wir noch aufklären müssen. Warum sehen sie sich nicht nach besseren Alternativen um, die es doch zweifellos gibt?

Was lernen Männer aus Beziehungsgesprächen?

Auch wenn die allermeisten Männer Beziehungsgespräche nicht mögen, so lernen sie doch trotzdem etwas durch diese Gespräche. Beziehungsgespräche bleiben also nicht etwa ohne Folgen. Doch welche sind das?

Da Beziehungsgespräche unangenehm für sie sind, lernen Männer im Laufe der Zeit, Beziehungsgespräche zu fürchten. Furcht ist eine völlig normale Reaktion des Menschen auf unangenehme Erlebnisse. Furcht ist darüber hinaus eine emotionale Reaktion. Männer reagieren also in aller Regel ausgesprochen emotional auf diese Form der Ansprache. Da behaupte noch einer, Männer hätten keine Gefühle!

Allerdings ist Furcht keine Emotion, die zwei Menschen einander näher bringt, wie etwa Liebe oder Freude. Das Gegenteil ist der Fall: Furcht schafft Distanz. Sie verbindet Menschen nicht miteinander, sondern trennt sie.

Wie Männer und wie Frauen sich nach einem Beziehungsgespräch fühlen

Schauen wir einmal kurz auf die Folgen eines Beziehungsgesprächs für beide Partner. Dann sehen wir, dass allein regelmäßige Beziehungsgespräche in der Lage sind, eine einstmals gute Partnerschaft zu ruinieren. Das hat zunächst einmal damit zu tun, dass Beziehungsgespräche in der Summe das partnerschaftliche Glück nicht erhöhen. Und es liegt zweitens daran, dass Beziehungsgespräche für das Gefühlsleben von Männern und Frauen deutlich unterschiedliche Folgen haben.

Frauen fühlen sich nach einem Beziehungsgespräch kurzfristig erleichtert. Deshalb haben sie den Eindruck, dass Beziehungsgespräche helfen, ihre Beziehung zu verbessern. Ein Trugschluss. Und ein heimtückischer dazu. Bestärkt er Frauen doch darin, ihre Partner weiterhin ab und an mit einer großen Portion *Negativität* zu konfrontieren. Obwohl sich die Beziehung dadurch nicht verbessert. Obwohl die Gefühle der Verbundenheit in der Partnerschaft dadurch nicht größer werden. Und obwohl sie selbst durch diese Gespräche ihren Zielen und Wünschen auch keinen Schritt näher kommen.

Genau das Gegenteil ist der Fall: Mit jedem Beziehungsgespräch vergrößert sich die Distanz zwischen den Partnern. Das Paar wird zunehmend unglücklich. Beide Partner sind deshalb immer weniger bereit, füreinander da zu sein. Das vergrößert alle vorhandenen Probleme mehr und mehr – und senkt die Stimmung in der Beziehung immer weiter.

Männer fühlen sich nach einem Beziehungsgespräch schlecht. Ihre Furcht vor dem nächsten Gespräch wächst mit der Zeit – und ihr Zorn über die Negativität, die ihnen entgegenschlägt. Sie werden pessimistisch, was die Zukunft der Partnerschaft angeht. Männer fragen sich dann:

- Wieso gibt sie nicht endlich Ruhe?
- Warum muss ich mir das immer wieder anhören?
- Wozu um Himmels willen tut sie mir das an?
- Sieht sie denn nicht, wie schrecklich es mir nach diesen Gesprächen geht?

Diese kritischen Gedanken der Männer haben Folgen. Männer werden mit der Zeit wütend auf ihre Partnerinnen, die wieder und wieder peinigende Beziehungsgespräche erzwingen. Leider gehört die Wut ebenfalls zu den Emotionen, die Menschen voneinander trennen. Die Psychologie spricht dann auch von Affekten. Diese Unterscheidung von Emotionen in Affekte und Gefühle geht auf den Philosophen Baruch de Spinoza und sein Buch *Ethik in geometrischer Ordnung dargestellt* zurück – und wird von der Hirnforschung bestätigt: Für Gefühle sind ganz andere Hirnregionen zuständig als für Affekte.

Schiebt man frisch Verliebte in einen Magnetresonanztomographen (MRT) und zeigt ihnen Fotos der oder des Geliebten, dann reagieren Teile des Gehirns, die für positive Emotionen und Glücksgefühle zuständig sind. Zum Beispiel wird das Glückshormon Dopamin aktiviert. Gleichzeitig werden andere Teile des Gehirns regelrecht ausgeschaltet, darunter auch der Mandelkern (Amygdala), der wiederum bei Angst und Wut sehr aktiv ist. Angst und Liebe passen also schon hirnphysiologisch nicht zueinander. Entweder Angst – oder Liebe. Beides zusammen geht nicht.

DER STILLE WÜTERICH

»Was Sie nur haben, mein Mann wird nicht wütend. Er ist immer ganz still, wenn ich mit ihm reden will.« Das ist eine häufige Reaktion von Frauen, wenn sie von den Zusammenhängen zwischen Beziehungsgesprächen, Furcht und Wut erfahren. Sie sind der festen Überzeugung, dass ihre Partner *ganz ruhig* sind, wenn sie ein Beziehungsgespräch mit ihnen führen. Keine Spur von Furcht. Und erst recht nicht von Wut.

Auch Knut reagiert offenbar ruhig auf Beziehungsgespräche. Äußerlich ist ihm nichts anzumerken. So wie vielen Männern in dieser Situation: Sie wirken ruhig. Aber sind sie es auch?

Die Forschung kommt zu einem klaren Ergebnis. Es lautet: Nein. Die meisten Männer sind alles andere als ruhig. Sie bemühen sich, äußerlich ruhig zu bleiben – während sie innerlich brodeln wie ein Vulkan. Um das herauszufinden, bedienen sich Forscher einer ganzen Reihe von medizinischen Geräten, die die körperlichen Auswirkungen von Wut erfassen können.

Sie messen zum Beispiel den Blutdruck eines Mannes während eines Beziehungsgespräches und schauen, ob er ansteigt. Sie messen außerdem den Puls. Ein stark erhöhter Herzschlag ist ein guter Indikator für zunehmende Wut. Und sie messen den Hautwiderstand, der geringer wird, wenn wir schwitzen. Mit all diesen Daten ergibt sich oft ein ganz anderes Bild als das des ruhigen Gesprächspartners. Viele Männer sind sogar im hohen Maße erregt, wenn sie ein Beziehungsgespräch führen müssen. Ihr Puls ist bei den sprichwörtlichen 180, der Blutdruck angestiegen und der Hautwiderstand aufgrund der Schweißproduktion sehr gering.

Der amerikanische Partnerschaftsforscher John Gottman konnte diesen Zusammenhang hunderte Male bei seinen Untersuchungen von Paargesprächen in seinem Ehelabor an der Universität von Seattle nachweisen. Insbesondere der gestiegene Puls macht ihm Sorgen für das Ergebnis eines Paargesprächs.

»Ab einem Puls von 95 empfehle ich, ein Paargespräch zu unterbrechen«, sagt John Gottman. Und er empfiehlt das nicht nur, er praktiziert das auch in der Beratung. Bei ihm und seiner Frau Julie Schwartz-Gottman bekommen Paare kleine Pulsmesser auf den Finger gesteckt. Die Geräte sind so programmiert, dass sie bei einem Puls von 95 Alarm schlagen. Dann unterbrechen die beiden Therapeuten das laufende Paargespräch, um zunächst einmal die Situation zu entspannen.

Was ist so kritisch daran, wenn der Puls über einen Wert von 95 hinaus steigt? Ganz einfach: Ein gestiegener Puls signalisiert, dass sich einer der Partner durch die Äußerungen des anderen bedroht und angegriffen fühlt. Ist das der Fall, beginnt eine körperliche Reaktionskette, die unter anderem dazu führt, dass unser Denkvermögen nur noch eingeschränkt funktioniert. Der Grund: Unser Körper stellt seine Energie jetzt bevorzugt für die Muskeln bereit und reduziert gleichzeitig die Energie, die für das Großhirn nötig ist. Lange nachdenken müssen und sollen wir in einer Bedrohungssituation nicht. Die Bedrohung könnte ja auch sehr gefährlich für uns sein, so wie der berühmte Tiger, der hinter dem Busch hervorkommt. Hätten unsere Vorfahren in dieser Situation gezögert, nachgedacht, hin und her überlegt … sie wären schnell zum Opfer geworden.

Die Folge: Ab einem Puls von etwa 95 kann ein Mensch nicht mehr allzu klar denken. Das gilt übrigens unabhängig vom Geschlecht für alle Menschen. Wir fühlen uns durch den anderen bedroht. Unser Körper ist im Kampf-oder-Flucht-Modus. Viele Männer sind also sehr angespannt in dieser Situation. Und bemühen sich trotz eines hohen Pulses, nicht davonzulaufen oder auf Konfrontationskurs zu gehen. Nicht allen gelingt das.

WIE BEZIEHUNGSGESPRÄCHE EINE PARTNERSCHAFT RUINIEREN

Was passiert, wenn ein Paar nach langen Jahren mit vielen ergebnislosen Beziehungsgesprächen auseinandergeht? Stellen wir uns das doch einmal vor: Das Paar trennt sich nach einigen Jahren, weil es seine Probleme nicht lösen konnte und all die Beziehungsgespräche die partnerschaftliche Zufriedenheit mehr und mehr gesenkt haben. Und beide Partner sind der festen Überzeugung, der andere trage die Schuld am unrühmlichen Ende.

Für die Frau ist klar: Es liegt an ihm. Denn sie hat sich immer wieder ihren Problemen gestellt und Gesprächsangebote gemacht – und sie hat sich immerhin nach jedem Beziehungsgespräch ein wenig besser gefühlt. Also kann dieses Vorgehen nicht falsch gewesen sein. Das Problem ist in ihren Augen vielmehr, dass er so unsensibel und gefühllos auf ihre Gesprächsangebote reagiert hat. Er hätte Einsicht zeigen sollen – und genau das hat er nicht getan. *Es liegt also an ihm, an seiner Sturheit und seinem Unwillen, sich zu ändern.*

Für den Mann sehen die Dinge ganz anders aus: Nach jedem Beziehungsgespräch ging es ihm grässlich. Er hat immer einige Tage gebraucht, um sich wieder davon zu erholen. Also sind diese Gespräche in seinen Augen eine schlechte Idee. Eine sehr schlechte Idee sogar.

Beziehungsgespräche sind in den Augen von Männern keine Lösungsversuche – sie sind das Problem selbst. Ohne sie liefe die Partnerschaft besser. Das Problem ist für ihn nur, dass seine Frau nicht davon lassen konnte. *Ihre Unverträglichkeit ist schuld an der Trennung. Es liegt an ihr.*

Sie sehen daran, wie unterschiedlich zwei Menschen ein und dieselbe Situation bewerten können. Ich habe kein Problem damit, zu verstehen, warum Frauen zum Mittel des Beziehungsgespräches greifen. Doch es ist falsch. Es ist ein ganz untaugliches Mittel, um Ziele zu erreichen. Um diese Erkenntnis mogeln sich aber leider viele Frauen – und auch viele Frauenzeitschriften – bis heute herum.

Ich habe auch kein Problem damit, zu verstehen, warum Männer das Beziehungsgespräch fürchten oder hassen. Und trotzdem führen ihre Gefühle auch sie in die Irre. Männer empfinden Beziehungsgespräche als Belastung – und übersehen dabei den Kern der Auseinandersetzung. Frauen führen diese Gespräche ja nicht, um Männer zu ärgern. Sie führen sie vielmehr, weil sie den dringenden Wunsch haben, *etwas in der Beziehung zu verändern.* Und genau um diesen Punkt mogeln sich Männer herum.

RegelNummer2:

Meiden Sie Beziehungsgespräche.

Das Beziehungsgespräch ist kein sinnvolles Werkzeug, um in einer Partnerschaft Änderungen zu erreichen. Das liegt an seinem hohen negativen Potenzial: Es provoziert entweder den Widerstand oder den Rückzug des Partners. Und beides ist nicht hilfreich, um ihn zu verändern. Deshalb akzeptieren Sie nicht, wenn Ihr Partner oder Ihre Partnerin Beziehungsgespräche mit Ihnen führen will. Weisen Sie darauf hin, dass Negativität Ihnen beiden nicht gut tut – und sprechen Sie dann über die Wünsche und Bedürfnisse Ihrer Partnerin oder Ihres Partners.

SCHATZ – WIR MÜSSEN REDEN

Männer lernen durch Beziehungsgespräche aber mehr als nur eine große Abneigung gegen diese Art der Auseinandersetzung. Da Beziehungsgespräche oft mit den Worten »Wir müssen reden« eingeleitet werden, lernen Männer mit der Zeit, schon diese Worte zu fürchten. Sie lassen den Puls von Männern in die Höhe schnellen – und ihr Herz in die Hose sinken.

Ist das verwunderlich? In meinen Augen nicht. Und ich habe mich für meinen Standpunkt immerhin mit den Forschungsergebnissen von 150 Jahren Lernpsychologie befasst. Diese Männer haben gelernt, schon bei ersten Warnhinweisen mit Alarmbereitschaft zu reagieren. Das belegt nur einmal mehr, dass Männer schnell lernende und gefühlvolle Wesen sind. Alle Menschen reagieren auf Anzeichen für drohende Negativität mit Abwehr. Und natürlich nicht nur die. Ihr Hund macht es nicht anders. Greifen Sie zur Hundeleine, kommt er schwanzwedelnd und tänzelt um Sie herum. Er freut sich auf den zu erwartenden Ausgang. Erziehen Sie Ihren Hund aber nicht mit Lob und Leckerli, sondern mit Schlägen mit der Hundeleine (wie es früher allgemein üblich war), dann reicht ihm bald schon der bloße Anblick der

Leine in Ihrer Hand, um ängstlich zu winseln. Er hat gelernt, die Folgen einer Hundeleine in Ihrer Hand zu fürchten.

Wenn Sie also schon einmal einen Mann kennengelernt haben, der geradezu panisch auf die Worte »Schatz, wir müssen reden!« reagiert hat, dann wissen Sie jetzt, warum das so ist. Er hat ausreichend schlechte Erfahrungen mit diesem Gesprächseinstieg gesammelt. Und deshalb wird er alles unternehmen, was in seiner Macht steht, um so einem Gespräch auszuweichen. Oder es mit möglichst geringen Kollateralschäden zu überstehen.

Birtes Beziehungsgespräche mit Kurt

Wie ist es Kurt und Birte nun mit ihren Beziehungsgesprächen ergangen? Es gab nur einen einzigen, nachhaltigen Effekt: Kurt hat mit der Zeit begonnen, diese Gespräche zu fürchten. Um genauer zu sein: Er hasst sie so sehr, dass er meist einen beliebten Trick anwendet, um nicht ihre volle Wucht ertragen zu müssen. Schon kurz nachdem Birte »Wir müssen reden« zu ihm gesagt hat, werden seine Augen glasig. Und er übersteht Birtes Beziehungsgespräche mit einer Art *innerer Emigration*. Er ist noch da, sein Körper sitzt noch vor ihr. Aber innerlich ist er weit weg. Viele Männer reagieren auf diese Weise.

Birte erkennt den glasigen Blick von Kurt nur zu genau. Und sie hasst ihn. »Er ist dann völlig unerreichbar für mich«, sagt sie empört. »Ich sehe das ganz genau an seinen Augen.« Und das macht sie wütend. Er nimmt sie nicht ernst. Das verstärkt bei ihr das Gefühl der Hilflosigkeit.

Warum nur entzieht sich Kurt jedes Mal wieder der Auseinandersetzung? Warum antwortet er nicht – einsichtsvoll –, so wie sie es sich erhofft? Das sind die Fragen, die Birte sich stellt. Und auf die sie keine Antwort findet. Auf die Idee, dass an ihrem Vorgehen etwas nicht stimmt, kommt Birte nicht. Ihren Hund würde Birte nie schlagen oder anbrüllen. Ebenso wenig ihre Kinder. Bei ihrem Mann aber hält sie Negativität für angemessen. Trotz der schlechten Ergebnisse, die sie damit erzielt.

Warum nur reagiert Kurt nicht positiv auf ihre Beziehungsgespräche? Es muss an ihm liegen, denkt sie. Und so schleicht sich ein ganz anderer Gedanke langsam, aber sicher bei ihr ein. *Kann es sein, dass mit Kurt etwas nicht stimmt?*

KAPITEL **FÜNF**

WIESO KRITIK EINER PARTNERSCHAFT SCHADET

Im Jahr 1937 erblickte in New York ein Bestseller das Licht der Welt. Das Buch bringt bis heute alles Wesentliche zu der Frage »Was bewirkt Kritik?« auf den Punkt.

Für sein Werk hat sich der Autor durch hunderte von Biographien berühmter Politiker und Unternehmensgründer gelesen. Er hat auch die seinerzeit neuesten Forschungen der Psychologie ausgewertet, wie die des Verhaltensforschers Fred Skinner. Am Ende weiß Dale Carnegie sehr genau, welche Folgen Kritik an anderen Menschen hat. Und er will erklären, wie sich Beziehungen zwischen Menschen am besten gestalten lassen. Beziehungen zu Freunden, Beziehungen zu Arbeitskollegen. Und Beziehungen zu Geschäftskunden.

DIE WICHTIGSTE LEBENSREGEL

Carnegies Argumente sind so überzeugend, dass im Laufe der Jahre und Jahrzehnte Millionen von Menschen zu diesem Buch greifen und erstaunt und mit offenem Mund lesen, wie der Autor gleich im ersten Kapitel die wichtigste Regel für den Umgang mit Menschen ausführt. Wer dieser Lebensregel folgt, macht sich Menschen zum Freund und bekommt Einfluss auf sie. Wer die Regel verletzt, legt den Grundstein für eine wachsende Feindschaft. Bei Arbeitskollegen. Bei Freunden. Bei Geschäftskunden. Und in der Partnerschaft.

Von einer gelingenden Beziehung und von glücklichen Ehen ist in Dale Carnegies Buch *Wie man Freunde gewinnt* nur wenig die Rede. Und doch erläutert der Autor eine der wichtigsten Regeln für eine gelingende Beziehung, eine Regel, die vielen Paaren den Weg zum Scheidungsanwalt ersparen kann. Oder den Frust einer unglücklichen Partnerschaft.

Diese Regel lautet in Kurzform: *Keine Kritik.* Niemals.

Oder etwas länger formuliert: Wenn Sie die Zuneigung, Wertschätzung und Anerkennung eines Menschen bekommen oder erhalten wollen, dann kritisieren Sie diesen Menschen nie.

Was bewirkt »keine Kritik«?

Viele Menschen folgen Dale Carnegies erster und wichtigster Lebensregel »keine Kritik« und stellen verblüfft fest, dass sie fortan nicht nur erfolgreicher sind in ihren Berufen als Rechtsanwalt oder Verkäufer oder Manager, sondern auch viel entspannter. Ihre Arbeit macht ihnen mehr Freude, wenn sie es unterlassen, andere Menschen zu kritisieren.

Dale Carnegies Lebensregel überzeugt die Menschen so sehr, dass manche von ihnen etwas tun, was Dale Carnegie gar nicht im Sinn hatte: Sie nutzen sein Erfolgsrezept »keine Kritik« für ihre Partnerschaft. Mit durchschlagendem Erfolg. Es heißt, dass manchmal die Partnerinnen oder Partner seiner Kursteilnehmer nach dem Ende eines Kurses zu ihm kamen und sich bei ihm bedankten – weil sie eine viel bessere, glücklichere Ehe führten, seit ihr Partner oder ihre Partnerin Carnegies Kurs besucht hatten.

WARUM KRITIK SO ZERSTÖRERISCH IST

Birte hat in den 34 Jahren ihrer Ehe Kurt immer wieder für seine Fehler kritisiert. Das hat nie zu positiven Änderungen in ihrer Partnerschaft geführt. Doch warum ist das so? Sollte der andere sich nicht freuen, dass man ihm seine Fehler klar benennt? So hat er immerhin die Chance, sich zu bessern! Warum funktioniert

Kritik also nicht? Ganz einfach: Kritik führt beim Gegenüber in der Regel zu einer Gegenkritik. Der Grund: Kritik wird vom anderen schnell als Vorwurf aufgefasst, als Angriff – und oft ist sie auch genau so gemeint. Deshalb ist das Ergebnis absehbar: Der andere verteidigt sich.

Kritik führt nicht zu Einsicht – sondern zu Widerstand. Das war die entscheidende Erkenntnis von Dale Carnegie. Wenn wir seine Ansichten und Erkenntnisse auf Paarbeziehungen übertragen, wird vieles verständlich:

- Menschen machen Fehler – ja. Aber wenn wir sie darauf hinweisen, dann fühlen sie sich angegriffen. Und wehren sich.
- Manche Menschen haben schlicht eine andere Vorstellung davon, wie die Dinge getan werden sollten. Was ein schönes Wochenende ist. Wie ein erholsamer Urlaub aussieht. Auf welche Art man nach der Arbeit entspannt. Und niemand möchte für seine Vorstellungen kritisiert werden. Schon gar nicht in einer Partnerschaft.
- Tun wir es doch, dann machen wir uns den anderen auf Dauer zum Feind.

Kritik gefährdet nahe soziale Beziehungen

Nirgendwo wirken sich Verletzungen der Regel »keine Kritik« so verheerend aus wie in nahen sozialen Beziehungen. *Nahe soziale Beziehungen*, das ist ein Fachbegriff aus der Soziologie. Die Nähe fällt in unseren Begegnungen mit Menschen sehr unterschiedlich aus. Kollegen stehen uns nicht so nah wie Freunde. Und die Beziehungen zu diesen sind in der Regel nicht so eng wie die zu einem Partner oder der Partnerin. Oder zu den eigenen Kindern. Die Beziehungen zu Partner und Kindern sind es, die die Soziologie im Kern als nahe soziale Beziehungen bezeichnet.

Deshalb wirkt sich die destruktive Kraft der Kritik für unsere Gefühle gerade hier so zerstörerisch aus. Kritik zerrüttet das Verhältnis von Eltern zu ihren Kindern. Und Kritik untergräbt die

Gefühle der Partner zueinander. Langsam zwar – aber mit großer Zuverlässigkeit und Zwangsläufigkeit.

Genau so ergeht es Kurt und Birte in ihrer Ehe. Immer wieder kritisiert Birte Kurt. Sie kritisiert ihn für sein Schweigen, wenn er nach der Arbeit im OP des Bundeswehrkrankenhauses nach Hause kommt. Immer wieder mag Kurt das nicht einsehen. Was ist verkehrt daran, dass er sich nach einem anstrengenden Tag erholen will – und nicht reden? In seinen Augen: nichts.

Kritik führt zu Feindseligkeit

Die laufende Kritik von Birte führt dazu, dass aus den unterschiedlichen Bedürfnissen der beiden ein Machtkampf entsteht. *Ich gebe nicht nach, denn ich habe recht.* Dieser Sinnspruch könnte über einer jeden unglücklichen Ehe stehen. Birte und Kurt folgen ihm seit 32 Jahren. Und jeder der beiden fühlt sich schon genauso lange im Recht.

»Ich bin im Recht!« »Ich gebe nicht nach!« – sind das zwei Liebende, die sich da begegnen, miteinander sprechen? Es sieht nicht danach aus. Ein solcher »Dialog« gleicht vielmehr dem Schlagabtausch zwischen zwei erbitterten Feinden. So wie die Sowjetunion und die USA während der Zeit des Kalten Krieges miteinander kommunizierten: Keiner gönnt dem anderen etwas – und keiner ist in der Wahl seiner Mittel zimperlich.

Kritik vergiftet und zermürbt

Die Unnachgiebigkeit und die dauernde Kritik vergiftet die Atmosphäre in der Ehe von Birte und Kurt unaufhaltsam. Stück für Stück zerstört die Kritik immer weitere Teile der einstmals lebendigen Partnerschaft und raubt ihr eben diese Lebendigkeit. Zärtlichkeiten zwischen Birte und Kurt werden selten. Sie küssen sich kaum noch. Umarmungen finden nicht mehr statt. Zugewandte, positive Worte werden zur Mangelware. Es ist eine fortgesetzte, scheinbar unaufhaltbare Erosion aller Zuwendungen zwischen den beiden.

Die Kritik wirkt wie ein stetiger, starker Steppenwind, der nach und nach den fruchtbaren Erdboden fortträgt. Was übrig bleibt, ist ein sandiger Boden, auf dem nichts mehr gedeiht und der kein Wasser zu halten vermag.

Diese jahrelange Erosion der Beziehung von Birte und Kurt fordert am Ende einen hohen Preis. Denn ihr Verhalten zueinander übt einen unablässigen Druck auf die partnerschaftliche Sexualität aus. Nach 17 Jahren eines zähen Machtkampfes zwischen Birte und Kurt fällt diesem schließlich auch die partnerschaftliche Sexualität zum Opfer: sie versiegt.

Endet die Sexualität eines Paares, dann ist das in der Regel eine Zäsur. Menschen sind nicht für ein Leben ohne Sexualität gemacht. Und für ein Leben ohne Intimität, ohne Zärtlichkeiten, ohne Umarmungen und ohne Küsse schon gar nicht.

Gibt es keinen Sex und keine Zärtlichkeiten mehr in einer Beziehung, dann sieht deren Perspektive zumeist düster aus. In der Folge zerbrechen die meisten Partnerschaften. Einige Beziehungen aber leben weiter. Die meisten allerdings zu einem hohen Preis. Sie existieren als dauerhaft unglückliche Partnerschaften fort. So wie die von Birte und Kurt.

#RegelNummer3: Keine Kritik.

Auch die Kritik ist wenig geeignet, Änderungen herbeizuführen. Eine Kritik ist zwar in der Form oft höflicher als ein Beziehungsgespräch, provoziert aber, vor allem bei einem scharfen Tonfall, vor allem Widerstand. Oder führt zum Rückzug des anderen. Deshalb: Keine Kritik. Niemals.

Die Kritik lenkt den Blick auf das Falsche

Es gibt noch einen zweiten Grund, weshalb Kritik als Methode, den Partner zu ändern, problematisch ist. Es ist ein Grund, den Eltern kleiner Kinder gut kennen. Ein Beispiel: Sie gehen mit

Ihrem dreijährigen Kind an einer vielbefahrenen Straße entlang und Ihr Kind läuft zu nahe an die Fahrbahn heran. In so einem Fall raten Kommunikationsexperten dazu zu sagen: »Bleib bitte hier auf dem Fußweg.« Sie sagen also nicht etwa: »Lauf bitte nicht auf die Fahrbahn« – denn das lenkt die Aufmerksamkeit des Kindes in die falsche Richtung. Eltern sollten das erwünschte Verhalten benennen, nicht das unerwünschte. Auf diese Weise lenken sie die Aufmerksamkeit des Kindes.

Dieser Tipp von Kommunikationsexperten hat seinen Grund in der Art und Weise, wie Menschen solche Sätze verarbeiten. Es fällt uns ausgesprochen schwer, uns an das abstrakte Wort »nicht« zu halten. Unsere Wahrnehmung übergeht es einfach. Konkretere Inhalte wie der Bürgersteig oder die Fahrbahn dagegen sind für uns leichter vorstellbar. Ein Kind, dem Sie sagen, es solle nicht auf die Fahrbahn laufen, muss in diesem Moment zumindest daran denken, wie es wäre, jetzt auf die Fahrbahn zu laufen. Das lenkt seine Gedanken – in Richtung auf das Unerwünschte.

Machen Sie einmal einen kleinen Versuch, der zeigt, dass es für die Vorstellungskraft von Menschen tatsächlich völlig normal ist, das Wort »nicht« unberücksichtigt zu lassen: *Denken Sie jetzt bitte nicht an einen rosafarbenen Elefanten!*

Aber was tun Sie denn da, sie haben ja doch an einen rosafarbenen Elefanten gedacht! Das Ergebnis dieses Versuchs ist immer gleich: Wir alle versuchen, uns einen rosafarbenen Elefanten vorzustellen, so schwer uns das vielleicht auch fällt. Das Wort »nicht« dagegen ignorieren wir großzügig. Das hat einen Grund: Bilder sind für unsere Vorstellungskraft stärker als abstrakte Begriffe wie »nicht«.

Das Ergebnis ist eindeutig: Wir sind nicht gut darin, das Wort »nicht« zu berücksichtigen. Und deshalb machen Sie sich das Leben unnötig schwer, wenn Sie Ihrem Partner vor allem das sagen, was er nicht tun soll. Das lenkt die Aufmerksamkeit unablässig – auf das Falsche. So erfährt Ihr Partner möglicherweise nie, *was Sie sich von ihm wünschen.*

Sagen Sie, was Sie wollen, nicht, was Sie nicht wollen

In meinem Beispiel von der Fahrbahn und dem Gehsteig habe ich die Realität stark vereinfacht – der Anschaulichkeit halber. Sie konnten die Aufmerksamkeit Ihres Kindes in dem Beispiel nur auf zwei verschiedene Alternativen lenken: entweder in Richtung auf die Fahrbahn (falsch!) – oder auf den Gehsteig (richtig!). Wie einfach wäre unser Leben, wenn es immer nur zwei Wege gäbe, die Dinge zu tun. So ist es aber nicht. Selbst bei so vermeintlich einfachen Dingen wie »den Tisch schön decken« oder »Blumen mitbringen« oder einem »romantischen Abend zu zweit« gibt es in der Regel Hunderte oder gar Tausende von Möglichkeiten, wie sie gemacht werden können. Dem Partner nicht zu sagen, was Sie sich wünschen, ist also auch aus diesem Grund ausgesprochen unvernünftig. Und führt meist zu Frust.

Sie haben keine Chance, dass Ihr Partner darauf kommt, welchen Blumenstrauß Sie sich ganz konkret wünschen oder was Sie sich unter einem festlich gedeckten Tisch vorstellen oder wie ein romantischer Abend für Sie wirklich romantisch verläuft, *wenn Sie es ihm nicht sagen.*

Doch zurück zu Birte und Kurt. Die Kritik an Kurt lenkt die Aufmerksamkeit beider Partner auf das, was Birte nicht will. Sie will nicht, dass er so viel schweigt. Sie findet es falsch. Erzählen Sie das einmal einem Mann, der nach einem anstrengenden Arbeitstag als Anästhesist mit drei Not-OPs gerade auf der Terrasse sitzt und schweigt und die Sonne genießt – und mit seinem Leben vollauf zufrieden ist!

Das Ergebnis ist klar: Er versteht die Welt nicht. Was bitte soll falsch daran sein, wenn er Ruhe und Erholung braucht? Konzentriert sich Birte auf das, was sie nicht will, erntet sie nichts als Widerstand. Sie hat keine Chance, zu bekommen, was sie sich wünscht, wenn sie sich mit ihren Gedanken und in ihren Gesprächen mit Kurt nicht genau darauf konzentriert. Die Frage lautet immer und immer wieder: Welches Verhalten wünscht sie sich? Darauf sollte ihr Fokus liegen.

Birte ist es gewohnt, Kurt zu kritisieren. Sie hat keine Übung darin, ihm zu sagen, was sie selbst eigentlich will. Gut möglich, dass sie ihm das noch nie gesagt hat – in mehr als 30 Ehejahren nicht. Der Fokus auf Birtes Wünsche würde alle ihre Gespräche mit Kurt völlig verändern.

Der Blick auf ihre Bedürfnisse, auf ihre Wünsche, würde aber auch dazu führen, dass Birte klären muss, was genau sie eigentlich erreichen will. Kritik ist dazu der falsche Weg. Kritik ist einfach. Und sie ist verführerisch. Sie führt uns zum Beispiel in Versuchung, erst gar nicht herauszufinden, was *genau* sich ändern soll. Was sich vielleicht sogar ändern *muss*, damit Birte und Kurt wieder ein glückliches Paar sind.

Weiß Birte überhaupt, was sie sich von Kurt wünscht? Und warum ihr das so wichtig ist? Fragt man Birte danach, erhält man eine ausweichende Antwort: »Kurt ist sich selbst genug. Er ist wie ein Autist. Er braucht mich nicht wirklich. Was mich beschäftigt, das interessiert ihn eben nicht.«

Das ist jetzt eine stark verkürzte Fassung von Birtes Ausführungen. Sie erzählt beinahe eine Viertelstunde lang, wie sehr sie Kurts Charakter verabscheut, und vermittelt so eine klare Vorstellung davon, wie Kurt sich wohl fühlen wird, wenn sie mit ihm spricht. Er sitzt dann auf einer Anklagebank. Einer Art heißem Stuhl. Der Kern der Klage lautet: Ich bin so unglücklich – weil du so bist, wie du bist!

Und nun? Was soll Kurt jetzt tun?

Birte sollte sich auf Kurts Verhalten konzentrieren – nicht auf seinen Charakter. Den kann Kurt ohnehin nicht einfach so ändern. Wenn er das denn überhaupt will.

Was wünscht sich Birte? Eine Antwort hat Birte nicht gegeben. Also wiederhole ich diese Frage. Nach einer Stunde beendet Birte ihre Klagen über Kurt – und gibt eine erste Antwort.

Birte möchte, dass er sie abends fragt, wie es bei ihrer Arbeit war. Und sie ist zutiefst davon überzeugt, dass Kurt genau dazu nicht zu bewegen ist.

WER IST KURT EIGENTLICH?

Vielleicht verlassen wir Birte an dieser Stelle und wechseln die Perspektive, um zu verstehen, wie Kurt die mehr als drei Jahrzehnte des Unglücks in seiner Ehe erlebt hat – und warum auch er keinen Ausweg aus der Malaise weiß.

Apropos Kurt – wo ist er eigentlich gerade, während Birte in der Beratung bei mir sitzt, ihren Jasmin-Tee trinkt, sich immer wieder ratlos durch die Haare fährt und ihm die Schuld am Beziehungsunglück zuweist?

Kurt ist allein zu einem Geburtstagsfest gegangen, sein Freund und Kollege Ferdinand wird 60 Jahre alt. Auf diesem Fest steht Kurt ganz entspannt mit einem Glas Prosecco in der Hand auf der Veranda und schaut Ferdinand dabei zu, wie er den Grill anheizt. Und genießt die Sonne.

Später dann wird Kurt mit seinen Kollegen aus dem Krankenhaus ein wenig über die Arbeit plaudern. Vor allem wird er ihnen zuhören, wenn sie mal wieder mit stolzgeschwellter Brust erzählen, dass ihr Sohn gerade ein Angebot von der amerikanischen Junior-Basketballliga bekommen hat und die Tochter in Finnland ein Auslandssemester absolviert.

Kurt wird seinen Kollegen aufmerksam lauschen und interessiert nachfragen. Seine Kollegen schätzen ihn als einen guten Zuhörer. Von sich wird Kurt wahrscheinlich nicht viel erzählen. Das liegt ihm eher nicht.

Kurt wird bei den Erzählungen der Kollegen von ihren Kindern einen kleinen Stich verspüren. Wie gern hätte er Kinder gehabt! Aber bei all dem Chaos in ihrer Ehe war Birte nicht dazu zu bewegen. Also hat Kurt Abschied genommen von dieser Vorstellung. Schweren Herzens. Was blieb ihm anderes übrig. Wollte er mit Birte zusammenbleiben – und das wollte er – dann hatte er keine andere Wahl.

Kurt ist nicht nachtragend. Nie würde er sich über die von ihm nicht gewollte Kinderlosigkeit beklagen, das ist nicht seine Art. Obwohl er sie ab und an bedauert.

Birte und Kurt – wie alles begann

Nur mal angenommen, Sie wären auch eingeladen zu diesem Fest. Woran könnten Sie Kurt erkennen? Ich gebe Ihnen eine kurze Beschreibung mit, als kleine Hilfe: Er ist blond und mittelgroß. Aber blond und mittelgroß sind einige Männer hier auf dieser Geburtstagfeier. Obwohl einige ja schon grau sind, wie Ferdinand zum Beispiel.

Wahrscheinlich ist es für Sie trotzdem ganz leicht, Kurt zu erkennen. Sie nehmen sich einfach auch ein Glas Prosecco, schlendern nach draußen und schauen sich dort ein wenig um. Und dann sprechen Sie den nettesten Mann an, den Sie dort sehen. Das ist Kurt.

Birte hat Kurt übrigens genau so kennengelernt. Er war der mit Abstand netteste, höflichste und aufmerksamste Single-Mann, den die ganze Hochzeitsgesellschaft bei Renate zu bieten hatte. Er war so nett und so höflich und so aufmerksam, dass Birte seinerzeit ihr Glück kaum fassen konnte. So ein toller Mann – und er war Single! Unglaublich. Keine andere Frau weit und breit, die ihn schon abgegriffen hatte.

Ja, Sie hören richtig. Birte, die heute kein gutes Wort mehr über Kurt zu sagen weiß, konnte damals ihr Glück kaum fassen, als sie auf Kurt traf. Birte hat damals – so wie Sie jetzt gerade – auf der Stelle erkannt, dass Kurt ein umgängliches und höfliches Exemplar der Gattung Mann ist. Er hatte keine Ellenbogenmentalität. Er war kein Macho. Zeigte kein Gockel-Gehabe. Er war in ihren Augen einfach perfekt.

Tempi passati – leider nur Vergangenheit

Kurt als ein perfektes Match für Birte – diese Zeiten sind schon lange vorbei. Eine blasse Erinnerung für Kurt. Tempi passati. Natürlich hat er es seinerzeit sehr genossen, dass Birte ihn so attraktiv fand und so klar und deutlich ihr Interesse an ihm signalisierte. Die einzige Frage, die ihn damals beschäftigte, lautete: Wie kann es sein, dass so eine tolle Frau mich will?

Heute beschäftigen ihn andere Fragen. Die wichtigste: Warum nur überschüttet Birte ihn immer wieder mit Vorwürfen?

Wenn Kurt in die Beratung käme, dann würde auch er zweifellos klagen. Über Birte. Möglicherweise würde er seine Klage über Birte sogar mit den gleichen Worten beschließen wie sie: »Ich habe wirklich alles versucht!«

Das ist jedoch auch nicht wahr. Auch Kurt hat erkennbar nicht *alles* versucht.

Birte kritisiert ihn oft. Und sie führt Beziehungsgespräche mit ihm, *weil sie etwas ändern will.* Die Form dieser Gespräche, die eine Anklage darstellen, ist nicht geeignet, um auf offene Ohren zu stoßen. Trotzdem könnte sich Kurt darauf konzentrieren, was seine Frau eigentlich erreichen will.

Die entscheidenden Fragen, mit deren Hilfe er die Situation verbessern könnte, lauten:

- Womit ist Birte unzufrieden?
- Was soll anders sein, damit sie glücklich und zufrieden ist?
- Welche Wünsche und Bedürfnisse hat sie, die in der Beziehung mit mir unerfüllt bleiben?
- Was kann ich tun, um das zu ändern?

Würde Kurt sich auf diese Fragen konzentrieren, dann liefe es besser für seine Ehe. Und es liefe besser für ihn. Birte hat in all den Jahren des Unglücks immer wieder nach Lösungen gesucht. Kurt dagegen, der Fels in der Brandung, hat all die Jahre immer nur eines getan: nichts.

- Er hat Birtes Unmut hingenommen – ohne sich dagegen zu verwahren.
- Er hat sie – schweren Herzens – zu ihrem Liebhaber gehen lassen.
- Er hat das Unglück in der Ehe akzeptiert und nicht nach einem Ausweg gesucht.

Unter welchen Bedingungen wäre Birte glücklicher? Nach der Antwort auf diese Frage hat Kurt nie gesucht. Und so hat er bis heute keine wirklich schlüssige Antwort gefunden, warum Birte oft so schrecklich unzufrieden ist. Aber er hat immerhin eine Vermutung. Leider ist diese Vermutung für seine Partnerschaft mit Birte nicht vorteilhaft. Sie lautet: Ihr Charakter ist schuld.

Auf der Suche nach Ursachen

Es war Ferdinand, der Kurt auf die Idee brachte, dass der Charakter seiner Frau das Problem in seiner Ehe sein könnte. Eines Tages sitzen Kurt und Ferdinand nach dem Dienst noch kurz auf einen Kaffee zusammen. Am Abend zuvor ist es bei Birte und Kurt einmal wieder hoch hergegangen. Birte hat ein Beziehungsgespräch begonnen. Kurt bekam – wie auf Kommando – einmal mehr seinen glasigen Blick, den Birte so sehr hasst. Da warf Birte voller Wut und mit großer Wucht ein Glas nach ihm. Kurt duckte sich zur Seite und das Glas zersprang neben ihm an der Wand in tausend Splitter.

Von ehelichen Problemen versteht Ferdinand nicht viel. Die Eskalation der Auseinandersetzungen zwischen Kurt und Birte ist für ihn sehr befremdlich. Er kann nicht verstehen, warum sich Birte so aggressiv, so unangemessen verhält.

Und so hat Ferdinand, nachdem Kurt ihm von seiner letzten Auseinandersetzung mit Birte erzählt hat, rundheraus gefragt: »Kann es sein, dass deine Frau eine schwierige Kindheit hatte? Irgendetwas, was sie noch aufarbeiten muss?«

Mit dieser Vermutung hat Ferdinand seinen Freund Kurt leider auf ein besonders gefährliches Gleis gesetzt. Die Frage wirkt heute noch in Kurt nach.

Birte vermittelt Kurt immer wieder das Gefühl, dass mit ihm etwas nicht stimmt. Kurt hat keine Ahnung, was das sein sollte. Er fühlt sich ganz wohl in seiner Haut. Seine Frau ist unzufrieden – nicht er. Ferdinands Bemerkung eröffnet für Kurt eine ganz neue Perspektive. Möglicherweise hat Birte ja tatsächlich irgendeine traumatische Kindheitserfahrung erlebt. Wer weiß das schon. Und so entwickelt Kurt die Überzeugung, *dass mit seiner Frau irgendetwas nicht stimmt.*

KAPITEL **SECHS**

WIESO WUTAUSBRÜCHE EINE LIEBE ZERSTÖREN

Birte wirft ein Glas Wein, das neben Kurt an der Wand zerschellt. Peter knallt lautstark die Türen. Wüste Beschimpfungen erfüllen die Küche von Stefan und Harald. Norbert und Elise beschuldigen sich gegenseitig und in großer Lautstärke, während ihre beiden kleinen Töchter Nora und Luise nebenan im Kinderzimmer zitternd vor Angst zuhören. Mathias schlägt donnernd mit der Hand auf den Esstisch. Es ist derselbe Tisch, den er und Susanne vor einem Jahr bei Ikea gekauft haben, glücklich und voller Vorfreude auf den Umzug in ihre gemeinsame Wohnung. Susanne starrt Mathias an. Ohnmächtig vor Wut und Zorn zischt sie: *Ich hasse dich!*

DIE TRIAS DER NEGATIVITÄT

Wut hat viele Formen. Doch eines haben alle Spielarten der Wut gemeinsam: Sie sind für eine Partnerschaft extrem zerstörerisch. Willkommen im dritten Teil der *Trias der Negativität.* Beziehungsgespräche sind der erste Bestandteil dieser Trias, Kritik ist der zweite. Der dritte Bestandteil schließlich ist die ausgelebte Wut auf den Partner oder die Partnerin: der cholerische Anfall.

Gaby schlägt Olaf ins Gesicht und nennt ihn mit sich überschlagender Stimme einen kompletten Versager. Und Hubertus wird von seiner Frau Sofie regelrecht klein gemacht. Neulich hat er sich gewehrt. Er hat zurückgeschrien. Laut und drohend. Stolz ist er darauf nicht. Aber es hat sich für ihn gut angefühlt, sich nicht alles gefallen zu lassen.

Woher kommt diese Wut?

Wenn Sie Birte, Peter, Stefan, Harald, Norbert, Elise, Mathias, Susanne, Gaby und Sofie das fragen, dann bekommen Sie von ihnen allen die gleiche Antwort: Mit dem Partner stimmt etwas nicht. Er verhält sich anders als erhofft und erwartet. Und deshalb soll er sich ändern.

Sie alle versuchen das mit der Methode »Rumpelstilzchen« zu erreichen. Zugrunde liegen dieser Wut ganz berechtigte Bedürfnisse. Nur werden sie völlig falsch kommuniziert, nämlich wütend und vorwurfsvoll:

- Der andere soll aufmerksamer sein.
- Er soll sich mehr für sie und ihr Leben interessieren.
- Er soll besser zuhören.
- Er soll anders mit den Kindern umgehen.
- Er soll sich mehr an der Hausarbeit beteiligen.
- Er soll endlich nicht mehr so geizig sein – oder aufhören, das Geld allzu gern und voller Freude auszugeben.

Die Folgen der Wut

Wutausbrüche haben Folgen für eine Partnerschaft. Sie vergrößern alle vorhandenen Probleme und Schwierigkeiten eines Paares in der Regel deutlich:

- Wut verringert die Zufriedenheit mit der Partnerschaft.
- Wut bestärkt die Tendenz der Partner, einander schwere psychische Störungen zu unterstellen: Der andere verhält sich nicht nur unerwünscht – er ist ein Fall für die Psychiatrie.
- Wut führt nicht zu Lösungen, wenn es unterschiedliche Wünsche und Bedürfnisse gibt.

- Wut löst beim anderen Angst aus. Er zieht sich zurück. Oder er reagiert ebenfalls mit Wut. Beides erhöht die Distanz innerhalb einer Partnerschaft.
- Wut ist explosiv. Deshalb gehen Wutausbrüche oft mit Gewalt einher. Mit körperlicher Gewalt oder verbalen Angriffen – in dem Fall wird der andere *verbal verprügelt. Und das hat schwere seelische Verletzungen zur Folge.*

RegelNummer4: Stoppen Sie die Wut.
Wut ist ein ungeeigneter Weg, um das zu erreichen, was Sie sich wünschen. Wut bedroht eine Partnerschaft an der Wurzel. Sie höhlt sie aus, vernichtet sie und fügt Verletzungen zu, die kaum zu verzeihen sind.

Die destruktive Macht der Gewalt

Wutanfälle gehen oft mit Gewalt einher. Genau der Mensch wird beschimpft, bedroht oder geohrfeigt, den man doch angeblich so sehr liebt. Eine schreckliche Demütigung. Übrigens schlagen Frauen bei Wutausbrüchen in Beziehungskonflikten häufiger zu als Männer. Das ist nicht so bekannt, da die Medien über Gewalt gegen Männer kaum berichten – und da Männer Gewalt durch ihre Partnerinnen nur sehr ungern eingestehen. Männer dagegen schlagen deutlich heftiger zu. Der Wille zu verletzen ist bei ihnen in der Regel größer. Und ihre Kraft oft auch.

Wut zieht eine große körperliche Anspannung nach sich, die uns zu verletzenden Handlungen regelrecht drängt. Mithilfe der Magnetresonanztomographie (MRT) können Forscher diesen Effekt sogar nachweisen. Bei Affekten wie Wut erhöht sich in unserem Gehirn die Aktivität der Amygdala, die wegen ihrer Form auch Mandelkern genannt wird. Die Amygdala ist die Aggressions- und Alarm-Zentrale. Sie hat unter anderem die Funktion, Bedrohungen schnell zu erkennen und Abwehrreaktionen einzuleiten. Hier geht es nicht um Liebe. Wo Wut ist, da ist – jetzt gerade – keine Liebe. Die Amygdala reagiert auf Bedrohungen (► Seite 45). Dafür ist sie da. Kampf oder Flucht. Es geht um den berühmten Tiger, der hinter dem Busch hervorspringt und der uns zwingt, uns schnell zu entscheiden, ob eine Flucht aussichtsreich sein könnte – oder ob ein Kampf auf Leben und Tod die bessere Alternative ist.

Der Körper schüttet dabei die Hormone Adrenalin und Cortisol aus. Sie sollen sehr schnell alle verfügbare Energie für die Muskeln aktivieren. Wut kann enorme Mengen an Energien freisetzen. Das ist ihr Sinn. Aggressionen gegen einen anderen Menschen sind bei Wutanfällen umso wahrscheinlicher, je wütender jemand ist und je mehr er eine konkrete Person als Auslöser dafür verantwortlich macht. Der Partner oder die Partnerin wird im Moment der Wut als eine Bedrohung wahrgenommen. Denn er oder sie bedroht die Welt, so wie wir sie uns vorstellen.

Das darf doch nicht wahr sein!
So kann er nicht mit mir umgehen!
Ich darf mir das nicht gefallen lassen!

Gedanken wie diese lösen die Wut ganz entscheidend aus.

WIE KALTE WUT HEISS WIRD

Wer wütend wird, der merkt das in der Regel erst sehr spät. Niemand kommt nach Hause mit dem sicheren Gefühl oder mit dem Vorsatz: Heute bekomme ich einen Wutanfall. Trotzdem tritt Wut nicht völlig überraschend und aus heiterem Himmel auf. Sie hat erkennbare Vorstufen. Das ist auch bei Birte so.

Birte hatte vor jenem Abend, der mit Scherben endete, einen wirklich anstrengenden Tag. Die Nachtruhe endete allzu früh, weil zwei Katzen im Garten der Nachbarn lautstark aneinandergerieten. So kam Birte schon erschöpft zur Arbeit. Dort dann gleich noch eine schlechte Nachricht: Ihre Kollegin Marion hatte sich krankgemeldet. Ausgerechnet ihre Lieblingskollegin! Die Gespräche mit ihr in den Pausen sind das Schönste an Birtes Arbeitstagen. Marion würde ihr heute fehlen. Ihr Ausfall bedeutete nicht nur zusätzliche Arbeit für Birte. Er bedeutete auch deutlich mehr Stress, weil sie niemanden zum Reden hatte.

Das alles war schon schlimm genug. Doch dabei blieb es nicht. Birtes Chefin machte in der Mittagspause eine abwertende Bemerkung über einen Fehler, der Birte unterlaufen war. Vor allen Kollegen. Wird Birte von ihrer Chefin attackiert, ist sie es, die einen glasigen Blick bekommt. Sie versucht dann, das, was ihre Chefin sagt, nicht an sich herankommen zu lassen. Sie bemüht also Kurts Trick, was ihr mehr schlecht als recht gelingt. Denn die Verletzung und das Gefühl, herabgesetzt zu werden, sind zu groß. So erhöhte sich die Anspannung für Birte weiter und weiter.

Das alles sind bekannte Vorläufer der Wut:

- Großer Stress am Arbeitsplatz (die herablassende Chefin, die erhöhte Arbeitsbelastung).
- Keine Möglichkeit, den Stress mit anderen zu teilen (etwa mit der Lieblingskollegin).
- Die bedrückende Aussicht, den Stress nicht durch ein Gespräch mit dem Partner abbauen zu können – weil der sich nicht für ihren Tag interessiert. Kurt wird wieder auf der Veranda sitzen und sich erholen. Wo aber bleibt ihre verdiente Erholung? *Wie ungerecht das alles ist!*

Wenn Birte mit schlechter Laune nach Hause kommt, ahnt Kurt meist schon, dass ein Donnerwetter droht. Im Gegensatz zu Birte, die keine Ahnung davon hat, dass sie heute noch ausrasten wird, sieht Kurt das Gewitter nur zu genau auf sich zukommen. Birte wirkt an solchen Tagen angespannt und nervös. Sie meidet den Blickkontakt mit ihm. Und sie ist mit allem, was sie tut, deutlich lauter als üblich. Sie wirft ihre Tasche im hohen Bogen unter die Garderobe im Flur. Sie knallt in der Küche mit den Tassen. Kurt meidet dann intuitiv ihre Nähe. Er zieht sich von ihr zurück. Und sein Rückzug erhöht den Druck für Birte weiter. Kurt spürt die Anspannung, unter der Birte steht, sehr genau.

Birte dagegen ist sich dieser Anspannung bis zuletzt nicht im ganzen Ausmaß bewusst. Sie kommt genervt und geladen nach Hause, ohne sich darüber im Klaren zu sein, *wie* genervt und *wie* geladen sie tatsächlich ist. Birte weiß nicht, dass sie heute beim Abendessen ausrasten wird. Sie weiß nur, dass sie sich angespannt fühlt, dass Nacken und Schultern verspannt sind. Irgendwann im Verlauf des Abends kippt ihre Stimmung dann plötzlich beim kleinsten Anlass. Erschöpfung, die ungerechte Behandlung durch die Chefin, der Stress des Tages – all das brodelt in ihr und sucht nach einem Ventil. Wie immer findet Birte es: im Angriff auf Kurt.

Die Vorboten der Wut

Hätte Birte eine Chance gehabt, den bevorstehenden Wutanfall vorauszusehen? Zweifellos hätte sie das. Menschen, die zu Wutanfällen neigen, nehmen ihre Wut zwar oft erst spät bewusst wahr. Trotzdem gibt es erkennbare Vorboten der Wut. Oft sind sie körperlich. So wie bei Birte die starken Verspannungen in den Schultern und im Nacken.

Am Ende ist es ein kleines Wort von Kurt, das das Fass zum Überlaufen bringt. Ein harmloses Wort, wie Kurt findet. »Zickenkrieg« nennt er Birtes Auseinandersetzungen mit der Chefin.

»Er nimmt mich nicht ernst«, denkt Birte. »Nie nimmt er mich ernst!«

Dann schnellt unvermittelt Birtes Puls nach oben und sie beginnt ein Gespräch darüber, dass Kurt ihre Sorgen nicht ernst nimmt und wie unglücklich sie ist – woran ihrer Meinung nach auf jeden Fall Kurt schuld ist.

Kurts Blick wird glasig und schon einen Augenblick später fliegt das Weinglas fast wie von selbst in Kurts Richtung. Birte kann sich später nicht einmal mehr an den Moment erinnern, in dem sie das Glas geworfen hat. Es geht alles viel zu schnell. Die kalte Wut wird jetzt plötzlich ganz heiß.

Aber wer liegt denn nun richtig?

Die Versuchung ist groß, sich an dieser Stelle auf die eine oder auf die andere Seite zu schlagen. Diese Parteinahme erfolgt häufig entlang der Geschlechtergrenze. Viele Männer sagen dann voller Mitleid: Eine Frau, die ständig schimpft, kritisiert und Wutanfälle bekommt und die dann auch noch mit Weingläsern wirft – schrecklich! Armer Kurt! Und Frauen leiden natürlich mit Birte mit: Ein Mann, der sich überhaupt nicht dafür interessiert, was seine Frau den Tag über erlebt hat – entsetzlich! Und wie gefühllos. Arme Birte!

Die Männer halten zum Mann. Die Frauen stehen auf Seiten der Frau. Genauso verhält es sich ja – leider – auch mit den Freunden von Kurt und den Freundinnen von Birte. Birtes Freundinnen finden ihre Wutanfälle nicht weiter schlimm. Sie sind auch nicht der Meinung, dass sie durch ihre wütenden Szenen die Beziehung in eine Sackgasse gesteuert hat. In ihren Augen ist schlicht Kurt schuld. Punkt. Warum verhält er sich nicht anders – eben einfach so, wie Birte es von ihm erwartet?

Ist Kurt schuld an den Ausrastern seiner Frau? Natürlich nicht. Kehren wir die Verhältnisse doch einmal kurz um und stellen uns Folgendes vor: Kurt kommt gestresst von einem anstrengenden Tag von der Arbeit und attackiert Birte verbal, weil sie sich nicht so verhält, wie er es sich erhofft. Birte zieht sich daraufhin in sich selbst zurück, um sich zu schützen. Und in diesem Moment wirft Kurt ein halbvolles Rotweilglas nach ihr – das knapp neben ihrem Kopf an der Wand zerschellt.

Dieses Szenario ist natürlich völlig unrealistisch. Bei Birte und Kurt sind die Rollen klar verteilt. Kurt ist der zurückhaltende Gentleman, der niemals zu einem Glas greifen und es werfen würde. Das ist einer der Gründe, warum Birte mit Kurt zusammen ist. Kurt ist höflich und zurückhaltend. Birte dagegen ist die Impulsive.

Lassen Sie sich trotzdem bitte einmal auf die Umkehrung der Rollen ein. Was würden Birtes Freundinnen wohl zu einem wütenden und tobenden Kurt sagen? Birtes Freundinnen sind Flower-Power-Frauen, aufgewachsen in den späten 1960er- und den 1970er-Jahren. Ein cholerischer Mann würde vor ihren Augen keine Gnade finden. Eine Frau dagegen schon. Eine Frau ist in ihren Augen auch gar nicht cholerisch. Oder aggressiv. Oder gewalttätig. Eine Frau zeigt vielmehr ihre Gefühle. So ist das, wenn zwei das Gleiche tun …

WIE REAGIERT DER PARTNER AUF DIE WUT?

Kurt bleibt bei Birtes Wutanfällen immer sehr ruhig. Er reagiert besonnen und lässt sich nicht dazu hinreißen, auf Birtes Wut seinerseits ungehalten oder gar wütend zu reagieren. Er gießt kein Öl ins Feuer.

Nicht immer zieht ein Wutausbruch bei einem Partner Wut beim anderen nach sich. Es gibt andere Möglichkeiten: Der Partner zieht sich bei Wutausbrüchen emotional zurück. Er schützt sich also durch Distanz. Das kann eine räumliche Distanz sein, wie sie der berühmte Hobbykeller bietet, in den sich manche Männer zurückziehen, wenn die Stimmung zu Hause schlecht ist. Das kann aber auch eine seelische Distanz sein, eine Art innere Emigration. Das ist Kurts Umgang mit Birtes Wutanfällen. Er zieht den Kopf ein und wartet, bis das Gewitter vorüber ist. Darin hat Kurt viel Übung. Immerhin macht er das jetzt schon seit mehr als drei Jahrzehnten.

Ein Wutausbruch des einen Partners kann aber genauso gut auch einen Wutausbruch des anderen nach sich ziehen. Das folgt dem bekannten Muster: Angriff – Verteidigung. Das ist verständlich. Aber fatal. Auf diese Weise vergrößert sich das Chaos in der Beziehung noch einmal.

So wie bei Norbert und Elise, die sich eine geschlagene Viertelstunde lang anschreien, bis Norbert wutschnaubend die Wohnung verlässt. Endlich. Donnernd fällt die Tür hinter ihm ins Schloss und eine bange, beinahe gespenstige Stille breitet sich aus.

Elise sitzt kreidebleich und ein wenig benommen von der Auseinandersetzung in der Küche. Nora und Luise hocken zitternd und mit rasenden Herzen im Kinderzimmer.

Die beiden Mädchen werden diese 15 Minuten wahrscheinlich ihr Leben lang nicht vergessen. Eng aneinandergedrängt sitzen sie im dunklen Kinderzimmer. Dabei halten sie sich an den schweißnassen Händen. Es sind die längsten 15 Minuten ihres bisherigen Lebens. Und die angstvollsten.

Der immer weiter eskalierende Streit zwischen Norbert und Elise wird tiefe Spuren in den Seelen ihrer Kinder hinterlassen. Der Wutanfall beider Eltern löst tief reichende Ängste in den beiden Mädchen aus: Angst vor dieser unglaublichen Lautstärke, mit der die Eltern sich anschreien. Angst, dass die beiden aufeinander losgehen, einander verletzen. Eine weitere große Ungewissheit kommt hinzu. Wird der Vater wiederkehren? Werden die Eltern sich je wieder vertragen?

Norbert und Elise haben es bei lautstarken Vorwürfen und Beleidigungen belassen. Doch für diese Beleidigungen werden sie sich in den kommenden Tagen beieinander entschuldigen müssen, wenn sie ein Paar bleiben wollen. Einerlei, wer von den beiden nun angefangen hat – es wäre besser für die beiden und auch für ihre Töchter gewesen, das Gegenüber hätte auf die Wut nicht ebenfalls mit Wut reagiert.

Trifft in einer Partnerschaft Wut auf Wut, dann ist ein Eskalationspotenzial gegeben, das beide Liebende zuvor für absolut unmöglich gehalten hätten. Immerhin lieben sie einander doch! Trifft Wut auf Wut, dann werden Handgreiflichkeiten ebenso wahrscheinlich wie geworfene Gläser oder ein zertrümmerter Thermomix.

Norbert und Elise schlagen sich schwere seelische Wunden. Und das, obwohl sie, ebbt die Wut erst einmal ab, sehr genau spüren, wie sehr sie den anderen lieben. Und dass sie unbedingt zusammenbleiben wollen. Doch das ist nach dem Eklat schwieriger als zuvor.

Verbale und nonverbale Verletzungen

Birte wirft ein Glas – und ist danach erleichtert. Ihre innere Anspannung hat sich danach deutlich verringert. Körperliche Aggressionen sind eine Möglichkeit, die durch die Wut entstandene Anspannung zu verringern. Verbale Verletzungen sind die andere Variante.

Als Gaby Olaf ins Gesicht schlägt, ist das ein körperlicher Übergriff, keine Frage. So eine Ohrfeige tut jedoch vor allem seelisch weh. Sie ist eine Geste der Erniedrigung, der Demütigung. Das wird Olaf deutlich länger beschäftigen, als das Brennen auf seiner Wange. Gut möglich, dass er ihr das nie verzeihen kann und verzeihen wird.

Und dann nennt Gaby Olaf auch noch einen kompletten Versager, weil sie sich die von ihr gewünschte teure Karibikreise in diesem Jahr nicht leisten können. Sie verletzt Olaf also zusätzlich zur Ohrfeige auch noch verbal. Das sind jetzt schon zwei Tiefschläge, die Olaf in den nächsten Tagen und Wochen erst einmal verdauen muss.

Ist Olaf geschickt, dann kontert er jetzt nicht. Leider ist ihm das nicht gelungen. Er hat den rüden Angriff von Gaby mit einem Gegenangriff erwidert. Das vergrößert den Schaden an der Partnerschaft noch einmal deutlich.

Der amerikanische Paartherapeut und Partnerschaftsforscher John Gottman hätte Gaby und Olaf und Norbert und Elise sicher gern einen seiner Pulsmesser auf den Finger gesteckt, der die Streitenden bei einem Herzschlag von 95 darauf aufmerksam macht, dass sie nicht mehr in der Lage sind, rational und emotional zugewandt zu handeln. Sie müssen den Streit an dieser Stelle sofort beenden – aus rein biologischen Gründen.

Sind wir wütend, dann arbeitet unser Großhirn nur noch eingeschränkt, denn es wird vom Körper nicht mehr ausreichend versorgt. Deshalb treffen Menschen ausgesprochen schlechte zwischenmenschliche Entscheidungen, wenn sie wütend sind. Deshalb vergreifen sie sich sehr schnell in der Wortwahl.

Ein Wort, einmal ausgesprochen, kann nie wieder zurückgenommen werden. Ist es gesagt, dann ist es gesagt. Und es bleibt in unserer Erinnerung – womöglich für immer. Was wir nicht alles vergessen können! Hochzeitstage. Wohnungsschlüssel. Die PIN der Geldkarte. Oder Steuererklärungen. Bei schweren Beleidigungen aber ist unser Gehirn unerbittlich. Beleidigungen oder Demütigungen durch einen anderen vergessen wir nicht. Schon gar nicht, wenn der andere der Mensch ist, den wir lieben.

Du Versager.

Du Miststück.

Ich hasse dich.

Worte wie diese haften uns für immer im Gedächtnis – und sie entfalten dort eine anhaltende Wirkung. Jederzeit können wir uns in Zukunft an die erlittene Demütigung erinnern, sie praktisch nochmals erleben und dadurch immer wieder neue Wutgefühle anfachen. Jede zukünftige Enttäuschung über den Partner, jedes unbedachte Wort, das er spricht, macht es möglich, sich an die damalige Kränkung zu erinnern.

Die Dauerhaftigkeit der Wunde: das ist der entscheidende *Unterschied zwischen wütend sein* und *wütend handeln*. Wütend zu sein, das kann für eine Partnerschaft zwar auch problematisch sein, aber in der Regel können Paare damit umgehen, wenn sie sich konstruktiv mit ihren Gefühlen auseinandersetzen.

#RegelNummer5:

Greifen Sie einen wütenden Partner niemals an.

Reagieren Sie ruhig. Ziehen Sie sich zurück, wenn das möglich ist. Oder sagen Sie: Ich will mich nicht streiten. Aber reagieren Sie auf Wut nicht mit Zorn. Sondern stoppen Sie die Eskalation der Wut.

»Du bist doch krank!«

Glauben Sie, dass ein Mann, der ständig der Kritik oder den Wutausbrüchen seiner Frau ausgesetzt ist, am Ende zu dem Schluss kommen wird: »Ach, die Ärmste. Sie bekommt bei mir einfach nicht, was sie braucht. Ich muss unbedingt mal herausfinden, was ich für sie tun kann, damit sie glücklich und zufrieden ist!«

Klingt das in Ihren Ohren realistisch? Oder klingt es für Sie eher abwegig?

Es ist in der Tat wenig wahrscheinlich. Deutlich wahrscheinlicher ist es, dass er ihre unhöfliche Vorgehensweise als ein Indiz dafür wertet, dass sie einen abgründigen Charakter hat. Oder gar, dass sie im Wortsinn verrückt ist.

Auch an diesem Punkt findet sich kein nennenswerter Geschlechterunterschied. Eine Frau, deren Mann oft rumbrüllt, sie verbal attackiert oder die Türen schmeißt, kommt üblicherweise auch nicht auf die Idee, das alles als einen Ausdruck seiner großen seelischen Not zu sehen und als dringenden Ansporn, sich mehr um ihn und seine Bedürfnisse zu kümmern. Auch Frauen kommen in dieser Situation in aller Regel zu dem Schluss: Mit ihm stimmt etwas nicht. Er ist ein pathologischer Fall.

Regelmäßige Wut eines Partners zieht eine Unmenge an Problemen nach sich. Regelmäßige Wutanfälle *beider* Partner noch viel mehr. Eine der größten Schwierigkeiten kennen Sie bereits aus dem vorherigen Kapitel über die Folgen der Kritik (▶ ab Seite 53). Sie lautet: Pathologisierung. Um das zu verstehen, müssen wir Birtes Ausraster noch einmal von Kurts Warte aus betrachten. Er erlebt ihre Wutanfälle als unberechenbar und unerklärbar. Morgens geht sie fröhlich aus dem Haus – abends macht sie ihm eine schreckliche Szene.

Zudem sind es oft Kleinigkeiten, die ihre Wutanfälle auslösen. Die Bratkartoffeln sind ein wenig angebrannt – und Birte flippt aus. Im Hausflur hat eine Firma ein Gerüst aufgestellt, um die Decke neu zu malern – und Birte bekommt scheinbar urplötzlich einen Ausraster.

Kurt spürt zwar sehr genau, wenn Birte abends schon »geladen« nach Hause kommt – hat aber keine Ahnung, warum das so ist. Und er kann auch nicht verstehen, wieso sie ihre Wut immer an ihm auslässt. Deshalb hat sich Kurt schon gefragt, ob mit Birte grundsätzlich etwas nicht stimmt.

Aus Birtes Sicht ist hingegen offensichtlich, dass sie wegen Kurt so oft wütend wird. Warum schottet er sich ab und sitzt teilnahmslos herum, statt mit ihr zu reden? Er ist in ihren Augen schrecklich stur, absolut nicht fähig, sich in einen anderen Menschen einzufühlen – auch Birte deutet Kurts Verhalten also pathologisch. Und so verbauen sich beide den Weg zu einer Lösung. Die Pathologisierung legt den Grundstein für eine grundlegende Entfremdung der beiden voneinander.

EIN AUSWEG AUS DER WUTFALLE

Es hätte auch ganz anders verlaufen können bei Elise und Norbert (► ab Seite 74).

»Ich war vorhin so wütend, weil ich so sehr gehofft habe, du legst das Handy endlich zur Seite und kümmerst dich um mich«, sagt Elise zu Norbert.

»Oh, tut mir leid«, entgegnet Norbert. Sie hat ja wirklich recht. Beziehungszeit ist ausgesprochen knapp für die beiden. Zwei anstrengende Jobs. Zwei kleine Kinder. Es bleibt nur wenig Zeit füreinander als Paar. Diese Zeit möchte Elise nicht mit einem der beiden Handys von Norbert teilen, dem beruflichen für die Fragen der Kollegen. Und dem privaten für die neuesten Nachrichten in seiner Facebook-Aktiengruppe, für den Freundeskreis und die täglichen Anrufe seiner Mutter.

»Ich war vorhin so wütend, weil ich so sehr gehofft habe, du legst das Handy endlich zur Seite und kümmerst dich um mich« – eine solche Äußerung bedeutet, dass wir dem Partner von unserer Wut berichten. An so einem Bericht über die eigene Wut ist noch keine Partnerschaft zerbrochen. Er schadet ihr nicht. Im Gegenteil: In der Regel hat der andere die Wut ohnehin gespürt. Nun bekommt er eine Bestätigung für seinen Eindruck – und erfährt den Grund für den Unmut.

RegelNummer6:

Berichten Sie Ihrem Partner von Ihrer Wut.

Aber attackieren Sie ihn nicht, wenn Sie selbst noch wütend sind. Versuchen Sie, Ihre Bedürfnisse und Gefühle dann zu kommunizieren, wenn Sie sich wieder beruhigt haben.

An der Wut selbst muss eine Partnerschaft keinen Schaden nehmen. Wütend zu sein, das ist kein Beinbruch. Und es kommt in beinahe jeder Partnerschaft vor. Wütend zu sein ist ein Hinweis, dass für uns etwas nicht stimmt. Wut bedeutet, dass wir reagieren müssen, um die Dinge wieder ins Lot zu bringen. Danach geht das Leben eines Paares weiter.

Nach wütenden Handlungen und wütenden Worten aber geht das Leben eines Paares nicht einfach so weiter. Es ist nicht mehr dasselbe Leben und dieselbe Liebe wie zuvor. Und es verläuft nicht mehr im gleichen Gleis wie zuvor. Es läuft aus der Spur.

NACH DER WUT IST VOR DER WUT

Nach einem Wutanfall bemühen sich die Beteiligten, die entstandenen Scherben zusammenzufegen. Die realen Spuren sind in der Regel leicht beseitigt. Kurt hat die Glassplitter – noch immer fassungslos – mit einer kleinen Schaufel in den Mülleimer befördert. Ganz vorsichtig hat er dann mit Küchenpapier die restlichen Splitter und den Wein aufgewischt. Nur der rote Fleck an der Wand zeugt zwei Wochen später noch von Birtes abendlichem Ausraster. Den Fleck hat Kurt nicht beseitigt. Das hat er nicht über sich gebracht. Birte hat schließlich Farbe besorgt und die sichtbaren Spuren jenes unseligen Abends überpinselt.

Was bleibt, das sind die seelischen Narben und Verwundungen. Wie fegt man nach so einem Wutanfall die emotionalen Splitter zusammen? Das wird schwer! Neben den seelischen Verletzungen, die nur schwer zu vergeben und vergessen sind, quält Paare vor allem die Aussicht, dass es in Zukunft immer wieder zu wütenden Wortgefechten, zu demütigenden Ohrfeigen, zu einem gezischten »Ich hasse dich!« und zu geworfenen Rotweingläsern kommen wird. Deshalb führen anhaltende Wutanfälle zu pessimistischen Annahmen beider Partner über die Zukunft der Beziehung.

Der von den Wutanfällen befeuerte Pessimismus zermürbt die meisten Partnerschaften. Wenn das Paar keinen Weg findet, sie zu stoppen. Die wenigsten Paare, bei denen es zu Wutanfällen kommt, halten es Jahre und Jahrzehnte miteinander aus. Birte und Kurt sind da eine Ausnahme.

ÜBERSEHEN SIE NICHT DEN ELEFANTEN IM RAUM

Vielleicht ist jetzt eine gute Gelegenheit, sich von Birte und Kurt ein wenig zurückzuziehen und uns die Situation, in der die beiden stecken, mit etwas Abstand zu betrachten. Denn dann sieht man: Beide Akteure spielen ein seltsames Spiel. Birte ist völlig gestresst von der Arbeit gekommen. Ihre Aufgabe wäre es, zunächst einmal runterzukommen. Genau das aber tut sie nicht. Ihr ist nicht einmal bewusst, in welch angespannter Verfassung sie sich befindet. Das führt zu unserer ersten Frage: Wie kann es sein, dass Birte nicht weiß, was für jeden anderen, so wie für Kurt, völlig offensichtlich ist? Das ist erklärungsbedürftig und wird uns deshalb noch beschäftigen.

Kurt dagegen spürt die Anspannung nur zu genau, weigert sich aber, das anzusprechen. Etwas Offensichtliches, das von den Beteiligten nicht zur Kenntnis genommen wird, im Amerikanischen nennt man so etwas *»the elephant in the room«*. Das ist ein sehr passendes Bild. Einen Elefanten übersieht man doch nicht mal so eben! Doch genau das tun die beiden.

Birtes Anspannung ist *the elephant in the room.* Es ist nicht einfach, ihn zu übersehen. Und doch bemühen sich Birte wie Kurt sehr erfolgreich, genau das zu tun. Beide, auch Kurt. Er nimmt den Elefanten zwar zur Kenntnis – sagt aber nicht: »Oh, da ist ja ein Elefant!« Warum tut er das nicht?

Und dann kommt noch eine dritte Frage hinzu: Wie kann es sein, dass Birte völlig außerstande ist, ihrem Mann zu sagen: »Ich hatte heute einen anstrengenden Tag. Nimm mich doch gerade mal in den Arm. Ich erzähle dir später, was los war.«

Sie kennen Kurt ja unterdessen ein wenig. Halten Sie es für möglich, dass er Birte *nicht* in den Arm nehmen würde? Dass er ihr nicht zuhören würde, wenn sie ihm erzählt, wie anstrengend ihr Tag war? Nein, das ist in der Tat ausgeschlossen. Das macht die Frage, warum Birte Kurt nicht einfach darum bittet, für sie da zu sein, umso wichtiger.

Warum ignoriert Birte den Elefanten?

Um Birtes Verhalten zu erklären, müssen wir einen kleinen Abstecher in Birtes Elternhaus machen. Dort erwartet uns keine schwere Traumatisierung, wie sie Kurts Kollege Ferdinand ins Gespräch gebracht hat. Stattdessen finden wir uns wieder in der Idylle der norddeutschen Stadt Lüneburg. In einer ganz normalen Familie. Einer Kleinfamilie mit Häuschen im Grünen. Einem Haus, das der Vater an vielen Abenden nach seiner Tätigkeit als Hausmeister noch zusammen mit Kollegen gebaut hat. Wofür der Vater am Wochenende und nach Feierabend oft auch den Kollegen bei deren Hausbau hilft. Mit einer Mutter, die in einem Blumengeschäft ebenfalls sehr viel arbeitet.

Es wird gearbeitet und gespart und gearbeitet und gespart. Das Haus mit dem schmucken Vorgarten muss abbezahlt werden. Ein Auto muss her. Sie wollen mit den Nachbarn mithalten können. Wir haben es geschafft! Diesen Geist atmet Birtes Elternhaus.

Kommt Birte nach Hause, dann ist in der Regel niemand für sie da. Was sie den Vormittag über erlebt hat, kann sie niemandem erzählen. Sie hätte es auch nicht gewagt. Ein Blick des von der Arbeit müden Vaters – und sie verstummt.

Es ist eine Familie, in der über Gefühle und Bedürfnisse kaum geredet wird. Auch um Birte und ihre Wünsche und Bedürfnisse geht es nur in seltenen Augenblicken. Es sind Augenblicke, die Birte unsagbar genießt. *Jetzt geht es auch einmal um sie!*

Was hat Birte in ihrem Elternhaus gelernt?

Wir alle erlernen unsere wichtigsten Verhaltensmuster schon in der Kindheit. Auch Birte. Was aber hat sie gelernt in jenem schmucken, kleinen Vorstadthäuschen mit wöchentlich frisch geharkten Gehwegen und einer korrekt geschnittenen, hüfthohen Buchsbaumhecke davor?

Sie hat gelernt, den gestressten Eltern keine Mühe zu machen. Sie spürt den Wunsch der Eltern, sie solle pflegeleicht sein – und genau so ist sie auch. Sie lernt, dass sie ohne deren Aufmerksamkeit und Unterstützung auskommen muss. Sie lernt, dass es ihr nicht hilft, um Zuwendung oder Rückhalt zu bitten. Oder sie gar einzufordern. Sie lernt sich gebührend dankbar zu zeigen, wenn der Vater beim Wochenendausflug mit dem neuen Auto entscheidet, dass es jetzt, zur Krönung des Tages, ein Eis gibt.

Nach einem Eis zu fragen – das hätte Birte nie gewagt. Es wäre ihr auch nicht gut bekommen. »Kinder, die was wollen, kriegen was auf die Bollen«, hieß es damals. Eine Ohrfeige wäre mindestens dabei herausgekommen, hätte Birte gewagt, ein Eis zu *wollen*. Mehr als verstohlen danach zu blicken und zu hoffen, dass der Vater einen großzügigen Tag hatte, war nicht drin.

Jedes Kind braucht die Anerkennung und Wertschätzung seiner Eltern. Auch Birte. Die Wertschätzung und Anerkennung der Eltern bekam sie aber nur, wenn sie keine Ansprüche stellte, wenn sie pflegeleicht war. Deshalb kann sie sich bis heute nicht für sich und ihre Bedürfnisse einsetzen. So wie sie in ihrer Kindheit darauf hoffte, dass ein wenig Anerkennung, Wertschätzung und Zuwendung wie Brosamen vom Tisch fielen, so hofft sie noch heute, dass sie bekommt, was sie sich erhofft – ohne es sich laut und deutlich zu wünschen.

Klingt tragisch? Ja, das ist es ohne Zweifel. Denn wie soll Birte bekommen, was sie braucht, wenn sie es Kurt nicht sagen kann, wenn sie bei ihm nicht werben will für ihre Bedürfnisse?

Noch ein anderer Punkt sorgt für weitere Probleme: Es ist Birtes Umgang mit Zärtlichkeiten.

Birtes Eltern gingen sehr formell miteinander um, wie es damals bei vielen Paaren noch üblich war. Es gab keine Küsse in der Öffentlichkeit. Keine zärtlichen Umarmungen. Das hat Folgen für Birtes Ehe. Auch bei ihr gab es nach dem Ende der Verliebtheit kaum noch Küsse. Und keine zärtlichen Umarmungen. Die seltenen körperlichen Zuwendungen zwischen Birte und Kurt beeinträchtigen die Sexualität der beiden. Und Birte hält all das auch noch für *normal*. Sie kennt es nicht anders.

Birte selbst verbaut sich den Weg ins Glück

Warum läuft Birtes Ehe so schlecht? Sie kennen inzwischen Birtes Sicht der Dinge: Sie sieht den Grund für die Eheprobleme in Kurts schwierigem Charakter. »Er ist so stur«, stöhnt sie oft, wenn sie sich mit ihren Freundinnen unterhält. »Er ist so schrecklich stur!« Wenn wir genau hinschauen, dann ergibt sich ein völlig anderes Bild: *Es ist Birte selbst, die sich den Weg ins partnerschaftliche Glück verbaut.*

In der Kindheit erlernte Glaubenssätze führen dazu, dass sie nicht um Rückhalt bittet, wenn sie ihn dringend braucht. Sie sind auch dafür verantwortlich, dass sie versucht, mit großen Anspannungen allein zurechtzukommen – was ihr aber, anders als Kurt, nicht gut gelingt. Und dass sie die große Anspannung und die Unruhe, die einem Wutanfall vorausgehen, gar nicht bewusst registriert. Sie spürt die Vorboten der Wut, das Ziehen im Nacken, die Schulterschmerzen. Sie spürt all das schon sehr lange, viele Jahre bereits. Und doch kann sie es noch immer nicht als Warnhinweis verstehen und beachten: *Achtung – sorge für dich! Du brauchst Zuwendung!* Stattdessen hält sie konsequent an der Idee fest, dass Kurts Verhalten das Problem in der Beziehung ist.

Und wieso ignoriert Kurt den Elefanten?

Ich hatte Ihnen versprochen, auch dieser Frage nachzugehen. Um zu verstehen, warum Kurt den Elefanten nicht beachtet, müssen wir einen zweiten Abstecher machen, diesmal ins Emsland. Dort ist Kurt aufgewachsen.

Sie ahnen mittlerweile vielleicht, was Kurt in seiner Herkunftsfamilie gelernt hat. Richtig: Er hat gelernt, Anspannungen zu »übersehen«. Der Grund dafür ist seine Mutter, die zu unberechenbaren Anfällen von Kritik neigte. Kurt hat gelernt, diese ein bis zwei Stunden andauernden Vorwurfslawinen über sich, Gott und die Welt zu ertragen. Er hat das tapfer getan.

Kann ein Kind von fünf, sechs oder sieben Jahren ernsthaft seine eigene Mutter stoppen, wenn die den Frust ihres Lebens an ihm auslässt? Eher nicht. Es sucht nach anderen Wegen, in seiner kleinen Welt trotz aller Widrigkeiten zurechtzukommen. Es zieht sich in sich selbst zurück. Es entwickelt Fantasiewelten. Oder es wendet sich anderen Menschen zu, die ihm Halt geben können.

Ich bin dann mal weg!

Kurt hat zugesehen, dass er selten da war. Dazu hat er Nachbarsfamilien besucht.

»Ich bin dann mal weg«, hat er dann eilig aus dem Flur nach oben gerufen, wo seine Mutter war. Und wie der Blitz war er aus der Haustür hinaus und lief zu den Freunden nebenan oder einige Häuser weiter.

Oder er hat an der Landstraße gesessen und sich über Stunden, zusammen mit seinem Freund Tom, die Autonummern der vorbeikommenden Fahrzeuge notiert. Immer in der Hoffnung, dass man vielleicht am nächsten Tag in der Zeitung über einen Banküberfall schreiben würde und sie das Auto mit dem gesuchten Kennzeichen melden konnten.

Kurt hatte viele Freunde. Und er war in deren Familien ein gern gesehenes Kind. Warum? Weil er so umgänglich war, beinahe charmant zu den Müttern seiner Freunde. Die fragten ihn oft, ob er nicht noch zum Abendbrot bleiben wolle. Und er blieb gern. Froh und glücklich, nicht nach Hause gehen zu müssen.

Kurt hat in seiner Familie gelernt, die Kritik seiner Mutter zu ertragen. Er hat nicht gelernt, sich zu fragen, warum seine Mutter so unglücklich war und so unzufrieden mit ihrem Leben. Natürlich nicht. Und so macht er das noch heute. Mit Birte.

Erwischte ihn die Mutter damals doch einmal in ihrer abgrundtiefen Weltschmerzstimmung, dann hatte Kurt keine Wahl. Er musste still und brav zuhören. Er musste es ertragen. So lange, bis der Anfall vorbei war. Und so lange die Mutter klagte und anklagte und ihn beschuldigte, an dem Unglück ihres Lebens schuld zu sein, so lange wartete der kleine Kurt mit glasigen Augen und zog sich in sich selbst zurück.

Genauso tapfer, wie er als Kind die Tiraden der Mutter ausgehalten hat, die sie alle paar Wochen über ihn und seine kleine Schwester niedergehen ließ, genauso tapfer erträgt er nun schon seit über 30 Jahren die entnervenden Beziehungsgespräche, die beißende Kritik und die aggressiven und nicht stoppbaren Wutanfälle seiner Frau Birte.

Ist das schon alles, was Kurt mitgenommen hat aus seiner Familie? Nein, natürlich nicht. Er hat sich sehr an seinem Vater orientiert, der leider zu selten da war. Der Vater war zuverlässig, schimpfte nie und stand den Kritikattacken der Mutter auf ihre Kinder ebenso hilflos gegenüber wie Kurt.

Kurt ist Arzt geworden – wie sein Vater. Über seinem Schreibtisch hängt ein Foto von ihm. Der Vater starb, als Kurt elf war. Eine Tragödie für den Sohn. Auf dem Foto sieht man Kurts Vater auf der Veranda sitzen, in einem hölzernen Liegestuhl. Die Hände hinter dem Kopf verschränkt, genießt er gerade die Sonne. Das ist bis heute auch Kurts Lieblingshaltung, wenn er auf der Veranda sitzt.

WAS WIR AUS UNSEREN FAMILIEN MITNEHMEN

Schauen wir genau hin, dann ist das bei uns allen ähnlich wie bei Kurt und Birte: Unser aller Verhalten ist ausgesprochen erklärungsbedürftig. Und die meisten Paare führen eine bessere Partnerschaft, wenn sie aktiv nach diesen Erklärungen suchen. Erklärungen *für das eigene Verhalten.* Erklärungen *für das Verhalten des Partners.* Wir alle haben ausgesprochen seltsame Ansichten und scheinbar unerklärliche Gewohnheiten.

Mein Rat an Sie: Gehen Sie bitte davon aus, dass das auch bei Ihnen so ist. Wir alle neigen dazu, uns selbst für normal zu halten. Kein Wunder. Kennen wir uns selbst doch schon immer. Wir sind vertraut mit unseren eigenen Ansichten und Gewohnheiten. Einen großen Teil dieser Ansichten, Einstellungen, Gewohnheiten und Überzeugungen bringen wir alle aus unseren Elternhäusern mit.

Ja, auch Sie.

Nein, nicht nur Ihr Partner.

Wir alle haben in unserem Elternhaus Werte und Normen aufgenommen. Die halten wir für normal. Ein Partner aber bringt seine eigenen Werte und Normen aus seiner Vergangenheit mit – und die hält nun wiederum er für normal. Wir alle haben im Umgang mit den Eltern gelernt, wie sich sehr enge Beziehungen gestalten lassen. Und wir alle halten eben genau das für normal, was wir erlebt haben – ob wir es nun mochten oder nicht.

Kommt es in Partnerschaften zu Konflikten, dann treffen diese unterschiedlichen Erfahrungen, Wertvorstellungen und Gewohnheiten von zwei Menschen aufeinander. Er will dies – sie möchte jenes. Er denkt in seiner Art – sie in ihrer. Und wer von beiden hat jetzt recht?

Die Antwort lautet: Keiner von beiden hat recht.

Beginnen Sie bei sich selbst

Wenn Sie also den deutlichen Wunsch verspüren, Ihren Partner oder Ihre Partner zu ändern, dann rate ich Ihnen dringend zu einem ehrlichen Blick in den Spiegel. Sie haben gesehen, wie Birtes und Kurts Elternhäuser beide als Individuum geformt haben. Dieser Einfluss geht vor allem im Bereich der Partnerschaft sehr weit. Die Bindungserfahrungen, die wir in unserem Elternhaus gemacht haben, bleiben ein Leben lang bestehen. Auch dann, wenn wir alles eigentlich ganz anders als unsere Eltern angehen wollen. Sie enden auch dann nicht, wenn wir ausziehen. Und auch nicht, wenn die Eltern sterben.

Und wie sieht es bei Ihnen aus?

Haben Sie eine Vorstellung davon, welche Einstellungen Sie aus Ihrem Elternhaus mitbringen? Das kann entscheidend sein, wenn Sie Ihr Ziel erreichen wollen, Ihren Partner zu verändern. Jeder kehre zunächst vor der eigenen Haustür.

#RegelNummer7: Hadern Sie nicht mit dem Partner. Schauen Sie lieber in den Spiegel und fragen Sie sich, welche Annahmen über die Liebe Sie aus Ihrem Elternhaus in Ihre Partnerschaft mitbringen.

Was aber hätte Birte in all den Jahren helfen können, aus der Sackgasse des Unglücks in ihrer Partnerschaft herauszufinden? Ganz klar: *Positivität.* Positive Vorgehensweisen, das wären zum Beispiel Verhaltensweisen wie: Wünsche deutlich zu äußern, den Partner zu loben oder ihm Anerkennung auszusprechen, für das, was er in ihren Augen richtig macht. Doch all diese Verhaltensweisen kennt Birte nicht.

Und so hat Birte es mehr als drei Jahrzehnte mit Negativität versucht. Das hat nicht funktioniert. Natürlich nicht! Und das liegt nicht an Kurts besonderer Sturheit oder an Birtes Unfähigkeit, ihre negativen Gefühle wortreich auszudrücken. *Es liegt daran, dass sich das Verhalten eines Menschen auf diese Weise nicht verändern lässt.*

Denn auf Kritik reagieren wir mit Gegenkritik oder Rückzug. Auf Angriff mit Flucht oder Verteidigung. Aber haben Sie schon jemals mit einer positiven Veränderung darauf reagiert?

KAPITEL **SIEBEN**

NUTZEN SIE DIE POSITIVITÄT

Die Geschichte der *Positivität* in menschlichen Gemeinschaften ist lang. Sie ist ein Grundmerkmal unserer Art und damit ein zentraler Bestandteil unseres Lebens.

Menschen sind keine Einzelgänger wie Faultiere oder Eisbären. Menschen brauchen Schutz, Rückhalt und Unterstützung. Menschen brauchen andere Menschen, um zu leben – und um zu überleben. Deshalb mögen Menschen Gruppen und bewegen sich gern in ihnen. Früher verbrachten sie den gesamten Tag zusammen, die Jagd, die Mahlzeiten, das Aufziehen der Kinder. Sie verbrachten den Abend miteinander, sie sangen, trommelten und tanzten. Ja, selbst die Nacht verbrachten Menschen bis zur Erfindung des privaten Schlafzimmers eng beieinander. Immer im Schutz ihrer Gruppe.

Menschen leben seit erdenklichen Zeiten in Gemeinschaften. Und schon immer in der Menschheitsgeschichte hing viel davon ab, dass dieses Leben so reibungslos verlief wie nur möglich. Genau dafür sorgen Gefühle. Positive Gefühle sind der wichtigste Schmierstoff, überall da, wo wir zusammen leben und zusammen arbeiten. Fest steht: Menschen konnten ohne *Positivität* zu keiner Zeit überleben.

- Positive *Gedanken*:
  »Schön, dass du da bist.«
  »Stark, wie er die Gruppe zusammenhält.«
  »Toll, wie sie das wieder hinbekommen hat mit meinen Eltern.«

- Positive *Worte*:
  »Klasse gemacht.«
  »Super.«
  »Ich liebe dich.«
  »Danke.«

- Positive *Taten*:
  Sich kümmern. Sorgen. Füreinander da sein.
  Anerkennende Blicke.
  Jemandem zur Seite stehen. Helfen.
  Jemanden pflegen. Essen teilen.

Positive Gedanken, Worte und Taten – all das sind nicht nur feste Bestandteile des menschlichen Verhaltensrepertoires, sondern auch der menschlichen Biologie. Unser Gehirn liebt Positivität. Es belohnt uns reichlich dafür. Mit Glückshormonen, die angenehm warm durch unseren Körper rieseln.

Es geht uns gut, wenn wir positiv über andere denken. Und wenn andere über uns positiv denken.

Es tut uns gut, wenn wir gut über andere reden. Und wenn ein anderer etwas Positives zu uns sagt.

Es geht uns gut, wenn jemand etwas für uns tut. Und wenn wir selbst Gutes tun. Ein besonders schönes Beispiel dafür, wie sehr es uns erfreut, positiv zu handeln und dadurch einen anderen Menschen zu erfreuen, findet sich in der Glücksforschung, einem Zweig der Psychologie, der in den vergangenen Jahren immer mehr an Bedeutung gewonnen hat.

Was uns glücklich macht

Nur mal angenommen, ich gebe Ihnen 20 Euro. Einfach so, geschenkt. Sie sollen nun das Geld bis heute Abend um 17 Uhr ausgeben. Dabei haben Sie die Wahl: Sie können die Summe für sich selbst ausgeben. Sie können sich also ein Buch kaufen, eine neue CD oder essen gehen. Klingt gut, oder?

Das ist aber nur die eine Möglichkeit. Hier kommt die zweite: Sie dürfen auch selbstlos sein und das Geld für einen anderen Menschen ausgeben. Sie drücken die 20 Euro einem jungen Geiger in die Hand, der in der Fußgängerzone hinreißend schön spielt. Vielleicht finanziert er sich so sein Studium. Oder Sie spenden den Betrag für die Opfer eines Erdbebens, die dringend auf Zelte warten oder auf eine Wasseraufbereitungsanlage, um endlich wieder sauberes Trinkwasser zu haben. Oder Sie kaufen Ihrer Frau oder Ihrem Mann einen tollen Blumenstrauß. Einfach so. Weil Sie sie oder ihn lieben. Na, wie klingt das für Sie? Auch gut?

Glück durch Selbstlosigkeit?

Die Frage, die sich an dieser Stelle aufdrängt: Welche der beiden Handlungen macht Sie wohl glücklicher? Erfreut es Sie mehr, wenn Sie sich selbst etwas gönnen? Oder sind Sie zufriedener, wenn Sie das Geld für jemand anderen ausgeben? Zum Glück müssen Sie das Ganze jetzt nicht selbst ausprobieren, denn drei Forscher von der University of British Columbia und der Harvard Business School haben das schon für Sie erledigt.

Sie bildeten zwei Gruppen, untersuchten das Glücksniveau der Teilnehmerinnen und Teilnehmer am Morgen und gaben den Testpersonen dann die versprochenen 20 Dollar. Die eine Gruppe bekam die Anweisung, das Geld für sich selbst auszugeben. Die zweite sollte selbstlos sein und das Geld für jemand anderen ausgeben. Am Abend testeten die Psychologinnen und Psychologen wiederum das Glücksniveau ihrer Untersuchungspersonen – und dann werteten sie die Ergebnisse aus.

Dank dieser Untersuchung wissen wir sehr genau, welche der beiden Handlungen Menschen glücklicher macht. Und die Antwort, die die Forscher in ihren langen Zahlenkolonnen mit Hunderten und Aberhunderten von Werten fanden, hat es in sich. Sie ist ein schwerer Brocken für alle, die noch immer glauben, menschliche Gemeinschaften seien nur ein unentwegter Kampfplatz für den dauernden Wettbewerb »Jeder gegen jeden«. Denn die Antwort lautet: Wir fühlen uns besser, wenn wir das Geld für andere ausgeben.

Das ist bemerkenswert. Die positive Handlung für andere macht uns also glücklich. Das allein ist schon erstaunlich. Es könnte unsere Zufriedenheit ja auch reduzieren, etwas wegzugeben. Weil uns der Verlust schmerzt. Es kommt noch besser für alle, die fest an das Gute im Menschen glauben: Die positive Handlung macht uns nicht nur genauso glücklich, als würden wir das Geld schnurstracks in eine neue CD oder ein Buch für uns selbst umsetzen – sondern sogar noch deutlich glücklicher. So sehr liebt unser Gehirn die Positivität. Faszinierend.

Unser Körper braucht Positivität

Es ist allerdings nicht nur unser Gehirn, das Positivität liebt. Von den Hormonen, die dadurch ausgeschüttet werden, profitiert unser ganzer Körper. Er fühlt sich vitaler an und stärker. Positive *Gedanken*, positive *Worte* und positive *Taten* sind eine Art Jungbrunnen für den Menschen und ein Lebenselixier. Sie sind das, was Menschen – nach Luft, nach Wasser und nach Nahrung – am allerdringendsten brauchen.

Das gilt für kleine Kinder ebenso wie für Erwachsene. Diesen Fakt belegen Untersuchungen wie zum Beispiel die Forschungen zu Hospitalismus, die der bekannte österreichisch-amerikanische Psychoanalytiker Rene Spitz durchgeführt hat. Und ebenso klar zeigt sich das darin, dass Isolationshaft für Gefangene als Folter eingestuft wird: Es ist erwiesen, dass Menschen, die von anderen Menschen völlig isoliert werden, körperlich wie psychisch leiden. Ohne *positive Gefühle* anderer Menschen und ohne positive Interaktion miteinander gehen Menschen zugrunde.

Auch umgekehrt wird ein Schuh daraus. Positivität ist in der Lage, uns gesund zu machen und gesund zu erhalten. In der Forschung konnte das immer wieder bestätigt werden. Positivität hat einen überragenden Einfluss auf das Immunsystem von Menschen. Sie beeinflusst unter anderem die Genesung nach einer schweren

Krankheit. Es ist also nicht Medizin allein, die uns vor Krankheiten schützt oder unseren Körper bei der Genesung unterstützt. Sondern auch die erlebte Positivität in unseren sozialen Beziehungen, besonders in unserer Partnerschaft, spielt eine entscheidende Rolle.

STRAFEN ODER BELOHNEN – WAS IST WIRKSAMER?

Die Geschichte der Positivität in menschlichen Gemeinschaften ist lang. Die Geschichte der wissenschaftlichen Erforschung der Positivität hingegen ist vergleichsweise kurz. Sie beginnt in Amerika. Und sie startet nicht etwa mit Menschen. Sondern mit Ratten.

Fred Skinner schaltet das Licht aus. Er schließt die Tür zu seinem Labor und macht sich auf den Weg nach Hause. Zurück bleiben die Ratten in ihren Untersuchungsboxen. Später wird man diese Boxen Skinnerboxen nennen, nach ihrem Konstrukteur. Die Ratten können sich jetzt erholen von den Experimenten, die der junge Doktorand mit ihnen gemacht hat. Sie hatten einen anstrengenden Tag.

Nachdenklich geht Fred Skinner die Treppen hinunter und tritt hinaus in die kühle Luft des Herbstabends. Mit den Versuchen, die er in den letzten Monaten unternommen hat, hat er eine Antwort gefunden auf eine Frage, die nicht nur ihn schon lange beschäftigt. Diese Frage lautet: Wie lässt sich das Verhalten von Säugetieren am besten beeinflussen? Funktionieren Strafen besonders gut? Oder geht es besser mit Belohnungen?

Diese Frage ist eine der ganz großen Fragen der Menschheitsgeschichte. Schon die Philosophen der Antike stellten sie sich. Wie ist der Mensch? Was ist sein ursprüngliches Wesen? Ist er von Natur aus gut? Oder ist er grundsätzlich böse und grausam? Und schließlich die alles entscheidende Frage: Was steuert sein Verhalten? Ist ein Mensch autonom in seinen Entscheidungen? Folgt er nur seinem freien Willen? Oder wird er von anderen, von äußeren Kräften gesteuert?

Von Göttern, Psychologie und Forschung

Die religiösen Überzeugungen der Griechen gaben auf die letzte Frage eine Antwort. Sie waren sich sicher: Die Götter beeinflussen das beobachtbare Verhalten der Menschen. Schoss zum Beispiel der Gott Eros mit seinem Bogen einen goldenen Pfeil in das Herz eines Menschen, dann entflammte dieser in sinnlicher Begierde zu einem anderen.

Die Philosophie stand diesem göttlichen Erklärungsmodell schon immer kritisch gegenüber. Kein Wunder, gibt der Mensch auf diese Weise doch die Verantwortung für seine Handlungen einfach ab. Das war keine Überzeugung, die Philosophen entzückte. Auch wenn es für die griechischen Philosophen noch gefährlich war, dem allgemeinen Glauben offen zu widersprechen. Die Verleugnung der Götter konnte die Todesstrafe nach sich ziehen. Allzu deutlicher Widerspruch war also wenig ratsam. Der berühmte Schierlingsbecher war schnell gefüllt.

Die Philosophen aller Zeiten bemühten sich, die Eigenverantwortung des Menschen für seine Handlungen zu betonen. Sie dachten über das gute Leben nach und über die Frage, was das glückliche Leben von einem unglücklichen unterschied. Zu einer schlüssigen Erklärung des menschlichen Verhaltens kam die Philosophie nicht. Schon gar nicht, wenn es um die Liebe ging und um die große Rolle, die Positivität für menschliche Gemeinschaften spielt.

Mit der Liebe und mit den positiven Gefühlen als Bindemittel menschlicher Gemeinschaften befassten sich die meisten Philosophen nicht sehr tiefgehend.

Das änderte sich erst um 1900 mit dem Aufkommen der Psychologie. Von nun an äußerten sich vor allem Psychologen und Psychoanalytiker zum Thema Liebe, Partnerschaft und Ehe und zum Zusammenhalt von menschlichen Gemeinschaften.

Einen guten Riecher hatte dabei der Tiefenpsychologe Alfred Adler, der in den 1920er-Jahren den Begriff des Gemeinschaftsgefühls prägte. Das war zur damaligen Zeit ein guter Griff, mit dem die Psychologie sich der zentralen Idee der Positivität bemächtigte. Doch der deutsche Faschismus mit seiner Betonung der Volksgemeinschaft verbrannte Begriffe, die mit »Gemeinschaft« begannen und mit »Gefühl« endeten, für lange Zeit.

Die wissenschaftliche Untersuchung der Positivität konnte das nicht aufhalten. Mit der Etablierung der Psychologie als Wissenschaft war es nur ein kurzer Weg bis zur gezielten Erforschung des menschlichen Verhaltens, ein Weg, den wie kein anderer Fred Skinner bahnte – mit seinen Ratten in den Skinnerboxen.

In diesen Boxen gab es kleine Hebel, die die Ratten drücken mussten, um mit Futter belohnt zu werden. Und es gab lange Papierrollen, auf denen die Aktivitäten der Ratten minuziös aufgezeichnet wurden, sodass die Untersuchungsergebnisse gut vergleichbar waren. In manchen Boxen gab es auch kleine Lämpchen, die den Ratten anzeigten, dass das Drücken des Hebels jetzt eine Belohnung mit Futter nach sich ziehen würde.

Diese verschiedenen Anordnungen boten den Forschern wunderbare Möglichkeiten. Zum Beispiel ließ sich so untersuchen, wie die Ratten am schnellsten lernten: Gelang das nach dem Prinzip der Belohnung? Oder halfen Strafen wie leichte Elektroschocks ihrer Findigkeit besser auf die Sprünge?

Kann man vom Verhalten von Ratten direkt auf Lernsituationen beim Menschen schließen? Diese Frage hat seinerzeit viele Forscher beschäftigt. Die Antwort ist wohl recht einfach: sich die Ursachen sämtlicher menschlicher Verhaltensweisen aus Tierversuchen zu erschließen – das ist unmöglich. Zu komplex ist unser Leben, zu vielfältig unsere auch kulturell geprägten Muster. Aber als Säugetiere haben wir eben auch mehr mit anderen Säugetieren gemein, als uns manchmal lieb ist. Das hat Fred Skinner mit seinen Experimenten eindrucksvoll aufzeigen können.

Für Fred Skinner wurde durch diese Versuche rasch klar: Das menschliche Verhalten ist nicht unergründlich. Es bedarf auch keiner langfristigen Psychoanalyse, um die wesentlichen Motive für unser Verhalten zu erkennen. Zu offensichtlich liegen sie auf der Hand: Wir verhalten uns so, wie wir es tun, weil mächtige Verstärker uns dazu bewegen. Dabei spielen bewusste und auch unbeabsichtigte Belohnungen durch unsere Umgebung die entscheidende Rolle.

- Wir bekommen in der Schule ein großes Lob des Mathelehrers – und sind fortan viel interessierter im Unterricht und schon bald der Überzeugung, ein ausgesprochenes Talent für die Mathematik zu haben.
- Wir organisieren im Betrieb die Weihnachtsfeier – und alle sind begeistert. Fortan machen wir das jedes Jahr, geben uns noch mehr Mühe und bekommen noch mehr Lob.
- Wir setzen ein schönes Foto bei Facebook ein – und bekommen sehr viele Likes. Fortan verbringen wir mehr Zeit damit, schöne Fotos zu machen und dort hochzuladen. Das Lob der anderen hat uns beflügelt.

Wohin wir auch blicken – schauen wir genau genug hin, dann ist das Prinzip der Belohnung und damit der positiven Bestärkung in unserem Leben allgegenwärtig. Belohnungen sind der Königsweg, um erwünschtes Verhalten zu verstärken.

Aber helfen Strafen nicht wenigstens ein bisschen?

Kinder körperlich zu bestrafen oder seelisch zu demütigen – das alles war zu Skinners Zeit im Amerika der 1930er-Jahre noch gang und gäbe. Und nicht nur da. Skinners Versuche zeigten eines ganz klar: Strafen haben Einfluss auf das Verhalten von Säugetieren. Wir mögen keine Bestrafungen. In keiner Form. Ratten, die mit Elektroschocks traktiert wurden, versuchten verzweifelt, ihnen zu entgehen – und drückten dabei irgendwann auch den Hebel, mit dem es möglich war, den Strom abzuschalten. Säugetiere mögen eben keine Strafen. Jetzt kommt das *Aber:* Der effektivere Weg, um unser Verhalten zu beeinflussen, sind ohne jeden Zweifel Belohnungen. Das gilt für das Verhalten von Ratten, mit denen Skinner vorwiegend arbeitet. Das gilt auch für das Verhalten von anderen Säugetieren – wie Pferden, Katzen oder Hunden.

SO FUNKTIONIERT'S: BELOHNUNG, KLARHEIT, SYMPATHIE

Nur mal angenommen, Sie kommen zu mir in die Beratung. Und während wir gerade anfangen mit unserem Gespräch, kommt ein Hund zur Tür herein, läuft zielstrebig auf einen Ball zu, der neben Ihnen in einem Korb liegt. Der Hund nimmt den Ball, trägt ihn in die hintere linke Ecke des Raumes und lässt ihn dort in einen anderen Korb fallen. Dann läuft der Hund in die Mitte des Raumes, schaut mich erwartungsvoll an und als ich ihm freundlich zunicke, da macht er Männchen.

Sehr seltsam – keine Frage. Wahrscheinlich würden Sie sich über das Verhalten des Hundes wundern. Wieso macht er das alles? Bälle gezielt von einem Ende des Raumes ans andere Ende zu tragen und dann noch einfach so Männchen zu machen – das alles gehört definitiv nicht zum üblichen Verhaltensrepertoire eines Hundes. Stellt sich die Frage: Wie ist es möglich, ihn doch dazu zu bekommen? Die Antwort ist einfach: mit positiver Bestärkung. Mit Belohnung. Mit genau dem Mittel also, das Fred Skinner so akribisch untersucht hat, um das Geheimnis zu ergründen, was Verhalten belegbar beeinflusst und steuert.

Belohnungen helfen beim Lernen – klare Ansagen ebenso

Wenn Sie einen Hund haben, dann wissen Sie, dass es nicht allzu schwer ist, ihn mithilfe von gezielten Belohnungen dazu zu bringen, brav am Rande des Bürgersteigs auf Sie zu warten oder sich auf Zuruf hinzulegen. Dazu können Sie ihn mit anerkennenden Worten belohnen oder mit Leckereien oder auch mit einer Mischung von beidem. Wollen Sie ihn zu ungewöhnlichen Kunststücken bewegen, dann ist das zwar etwas aufwendiger. Es folgt aber im Prinzip den gleichen Regeln wie die sonstige Hundeerziehung auch.

Natürlich habe ich meinen Hund auch nicht darüber im Unklaren gelassen, was ich von ihm will. Ich habe mich nicht in meinem Sessel zurückgelehnt und gewartet, ob er irgendwann ganz von allein auf die Idee kommt, den Ball ins Maul zu nehmen. Ich habe ihn stattdessen liebevoll, aber bestimmt darauf hingewiesen, was er tun soll. Erst als er das verstanden hat und den Ball genommen hat, hat er eine Belohnung bekommen. Als Nächstes habe ich ihm gezeigt – und gesagt –, dass er den Ball in die hintere linke Ecke tragen soll, was er schon bald begriffen hat. Und wieder gab es eine Belohnung. Dann ging es um das Ablegen des Balles. Aber diese Ansage kennt er ja schon von den Stöcken, mit denen er gern spielt und die er anschließend ablegt. Und dann bekam er wieder eine Belohnung.

Belohnungen sind also eine gute Bestärkung für ein einmal gezeigtes Verhalten – aber ohne eine *klare Ansage* wäre so eine Hundedressur ziemlich frustrierend. Und langwierig.

Halten wir fest: Auch die klare Ansage, also zu sagen, was ich will, ist ein Kernbestandteil jeder effektiven Strategie, die darauf abzielt, das Verhalten eines anderen zu verändern.

Positive Bestärkung bewegt den Hund zu seinem ungewöhnlichen Verhalten und klare Ansagen helfen auch. Ist das schon alles? Nein, nicht ganz.

Was außerdem noch hilft: wenn ich ihm sympathisch bin. Sympathie ist in der Regel das Ergebnis von guten Erfahrungen. Mag mich der Hund, dann habe ich ihm in der Vergangenheit sicher schon oft den Bauch gekrault, wenn ihm danach war. Ich habe ihm auch häufig etwas zu essen hingestellt, wenn er hungrig war. Und wenn er rauswollte, dann bin ich mit ihm rausgegangen. Der Hund hat also gute Erfahrungen mit mir gesammelt. Und deshalb findet er mich sympathisch. Sympathie – auch das macht den Hund geneigter, sich dazu bewegen zu lassen, einen Ball herumzutragen und Männchen zu machen.

Das Geheimnis der Gefühle

Es kommt noch ein weiteres Moment hinzu, dass mir Einfluss auf meinen vierbeinigen Freund gibt und ihn geneigt macht, das zu tun, was ich von ihm will. Hunde können spüren, ob ein Mensch sie mag oder nicht. Sie können – in gewissem Umfang – die Gefühle von Menschen identifizieren. Und sie können darauf reagieren. Ist ein Mensch traurig, spürt ein Hund das. Und er versucht, den Menschen zu trösten. Der Hund spürt die Traurigkeit eines Menschen, weil er, ebenso wie wir, ein Säugetier ist. Säugetiere haben einen eigenen Bereich im Gehirn, der nur für die Verarbeitung von Gefühlen zuständig ist. Es ist das *limbische System.*

Im limbischen System findet ein großer Teil der Verarbeitung von Informationen statt, die sich auf Gefühle beziehen. Das limbische System ist das Zentrum unserer Gefühle. Das gilt für den Menschen wie für alle anderen Säugetiere.

Es ist ganz ohne jeden Zweifel eine feine Sache, so ein limbisches System zu haben. Wir Menschen verdanken ihm einige der angenehmsten, lustvollsten Gefühle, zu denen wir fähig sind. Das limbische System ist daran beteiligt, dass wir uns in einen anderen Menschen verlieben. Es ist aktiv, wenn wir die Sexualität genießen. Und es sorgt dafür, dass wir mit feuchten Augen unser Neugeborenes betrachten, fest davon überzeugt, dass dieses Baby das Schönste ist, was wir je gesehen haben.

Das limbische System ist der zentrale Sitz unserer Gefühle. Es leistet die Hauptarbeit beim Identifizieren der Gefühle anderer Menschen – und bei der Reaktion darauf.

Menschen sind Säugetiere. Auch für das Verhalten von Menschen gilt deshalb das Prinzip der Belohnung. Auch Menschen lernen am besten und am leichtesten durch positive Bestärkung. Wir lernen durch Anerkennung, Wertschätzung, Lob, Erfolg und Belohnung. Wir lernen am besten durch Positivität.

Positive Bestärkung – Skinner nennt sie gern auch positive Verstärker – sind die mächtigsten Modulatoren für unser aller Verhalten. Für diese Erkenntnisse wird man Fred Skinner zum einflussreichsten Psychologen des 20. Jahrhunderts erklären, noch vor Sigmund Freud.

WOZU GEFÜHLE GUT SIND

Warum haben wir Gefühle? Und warum haben wir zur Verarbeitung von Informationen über die Gefühle anderer und die Steuerung unserer eigenen Gefühle einen eigenen Gehirnbereich, das limbische System? Es befasst sich akribisch und voller Hingabe mit all den Hinweisen auf die Gefühle der Menschen um uns herum – so, als ob sehr viel davon anhängt, dass wir sie richtig erfassen.

Säugetiere werden gesäugt, das sagt schon ihr Name. Deshalb hängt das Überleben des Nachwuchses von einer guten Beziehung zu ihrer Mutter ab. Und von einer guten Beziehung der Mutter zu ihnen. An dieser Stelle kommen bei uns Säugetieren Gefühle ins Spiel. Positive Gefühle sichern unser Überleben. Vögel füttern ihren Nachwuchs und ziehen ihn groß, instinktgesteuert und ganz ohne eine enge emotionale Bindung einzugehen. Säugetiere aber gehen Bindungen ein, um sich fortzupflanzen. Und genau dazu haben sie das limbische System. Gefühle sind das Ergebnis einer Fortpflanzungsstrategie.

Andere Tiere haben so etwas nicht. Sie haben dafür keine Verwendung. Krokodile haben ebenso wenig ein limbisches System wie Schildkröten oder Fische. Fischweibchen legen einfach ihre Eier ab und die Fischmännchen verspritzen den Samen darüber – das war es. Um ihren Nachwuchs kümmern sie sich nur in seltenen Ausnahmefällen. Meeresschildkröten legen ihre Eier in den warmen Sand des Strandes – und überlassen ihrem Nachwuchs den Rest.

Und Krokodile – nun, schweigen wir von denen. Bei den Krokodilen kann es durchaus vorkommen, dass ein Vater seinen eigenen Nachwuchs zum Abendbrot verspeist, nicht ahnend natürlich, dass es sein eigener Nachwuchs ist. Ein Happs – und weg ist der Filius. Verschwunden in Papas Magen. Ein wenig gefühllos ist das in unseren Augen schon, das Leben von Reptilien. Aber wir haben ja auch ein limbisches System. Die Reptilien nicht.

Gefühle – und die Antwort darauf

Zurück zum Hund. Auch ein Hund hat natürlich ein limbisches System. Das ist der Grund, weshalb ein Hund angemessen und zugewandt reagieren kann, wenn Sie sich um ihn und um seine Bedürfnisse kümmern. Er verstärkt damit im Übrigen Ihr Verhalten, wenn Sie denn einen Hund haben. Ist Ihnen das schon einmal aufgefallen? Auch wenn Sie es bislang nicht bemerkt haben: Ein Hund erzieht seinen Besitzer mindestens im gleichen Maße wie der Besitzer den Hund. Er bewerkstelligt das vor allem mit … Nein, halt! Denken Sie doch bitte noch kurz über diese Frage nach. Einerlei, ob Sie einen Hund haben oder nicht. Was bitteschön kann ein Hund schon tun, um seinen Besitzer zu erziehen?

Hier kommt die Auflösung: Ein Hund erzieht seinen Besitzer oder seine Besitzerin vor allem – durch *Freude*. Er erzieht sie mit hellen leuchtenden Augen, mit Schanzwedeln und mit freudigen Sprüngen. Hunde beeinflussen Menschen also vor allem durch Positivität. Sie sorgen mit positiver Bestärkung dafür, dass sie öfter das bekommen, was sie sich wünschen – eine einfache und geniale Strategie.

Manchmal versucht der Hund es auch mit einer klaren Ansage. Er sagt also, was er will. Aber an dem Punkt sind der Kommunikation zwischen Hunden und Menschen gewisse Grenzen gesetzt. Sie sprechen sehr unterschiedliche Sprachen. Aber gute Hundehalter verstehen ganz ohne Zweifel einen Großteil der klaren Ansagen ihrer Hunde.

Die Trias der Positivität

Belohnung ist also ganz ohne Frage ein machtvoller Modulator. Positive Bestärkungen ändern unser Verhalten mit Leichtigkeit und ganz ohne jede Konflikte. Oder haben Sie sich über die Freude Ihres Hundes schon mal geärgert? Mit Belohnung lässt sich bei

Menschen wie bei Tieren eine Menge erreichen. Wir können so Einfluss auf andere Menschen und ihr Verhalten nehmen. Und klare Ansagen haben ebenfalls einen großen Anteil am Erfolg.

Positive Bestärkungen plus klare Ansagen allein aber reichen nicht aus, um die Interaktionen zwischen Menschen oder zwischen Mensch und Tier hinreichend zu erklären. Es bedarf außerdem einer dritten Säule, es bedarf der Sympathie. Es bedarf dieses positiven Gefühls füreinander, das uns davon überzeugt, dass der andere es tatsächlich gut mit uns meint.

Damit haben wir jetzt die drei Merkmale einer erfolgreichen Strategie zusammen, mit deren Hilfe Sie das Verhalten anderer beeinflussen können. Zusammen bilden sie das Gegenstück zur negativen Trias – die *Trias der Positivität.* Diese Kombination von allen drei Elementen ist unschlagbar. Belohnung plus klare Ansagen plus Sympathie – das ist eine ganz außerordentliche Erfolgskombination. Diese wirkt auch in der Kindererziehung wahre Wunder. Ganze Bibliotheken von Ratgebern zur Erziehung wurden in den vergangenen Jahrzehnten verfasst und von verunsicherten Eltern gelesen. Sie strömen zu Hunderten in die Vorträge von Experten wie Jan-Uwe Rogge und Jesper Juul. Wozu das alles? Weil sie ihre Kinder ohne drakonische Strafen, ohne verbale Erniedrigung, ohne ein Übermaß an Kritik, ohne Ohrfeigen und ohne Prügel erziehen wollen. Wir alle versuchen heute, der Formel Belohnung plus klare Ansagen plus Sympathie in der Kindererziehung zum Durchbruch zu verhelfen. Mit großem Erfolg.

DIE TRIAS DER POSITIVITÄT IN DER PARTNERSCHAFT

Kommen wir zur Partnerschaft. Kommen wir zur Kernfrage dieses Buches: Wie können Sie das Verhalten Ihres Partners oder Ihrer Partnerin beeinflussen? Die Lösung liegt auf der Hand. Sie lautet: mit Belohnung plus klaren Ansagen und einem möglichst großen Maß an Sympathie.

»Ist das wirklich so einfach?«, könnten Sie an dieser Stelle fragen. Die Antwort lautet: Ja. Es ist in der Tat so einfach. Wenn Sie in Zukunft auf negative Vorgehensweisen verzichten und stattdessen die Trias der Positivität anwenden, dann werden Sie mehr an Veränderungen erreichen, als Sie es jemals für möglich gehalten haben. Auch wenn Sie gar nicht so viel verändern wollen an Ihrer Frau, an Ihrem Mann, kann die Trias der Positivität Ihnen weiterhelfen. Ihre Partnerschaft wird nämlich in Zukunft deutlich glücklicher sein als zuvor. Die Trias der Positivität macht das Leben in einer Beziehung also nicht nur leichter, sondern auch angenehmer. Die Elemente Belohnung plus klare Ansage plus Sympathie sind die eigentlichen Grundlagen von Beziehungsglück.

Warum ist es nötig, das an dieser Stelle so ausdrücklich zu sagen? Warum ist uns allen die Erkenntnis, dass es mit positiven Vorgehensweisen möglich ist, das Verhalten des Partners zu verändern, und dass wir auf diese Weise in einer glücklichen Partnerschaft leben, nicht selbstverständlich? Und warum ist es für uns das Normalste von der Welt, unseren Hund mit positiven Vorgehensweisen zu einem anderen Verhalten zu bewegen und unsere Kinder auch – aber nicht unsere Partner?

Ich will diese Frage jetzt noch einmal zugespitzt formulieren: Wir schlagen unsere Hunde nicht mehr. Auch unsere Kinder schlagen wir nicht, wir brüllen sie nicht an und demütigen sie nicht. Warum aber unsere Partner sehr wohl?

Ich finde schon diese Frage einigermaßen verstörend. Und je länger ich an diesem Buch geschrieben habe, umso verstörender fand ich sie. Wie kann es sein, dass sich in unserer Gesellschaft mehr Menschen für den Tierschutz engagieren, als, sagen wir mal – für die Positivität zwischen Menschen, die in einer Partnerschaft leben? Ich kann kaum je ein Einkaufcenter betreten, ohne zuvor nicht von netten Helfern einer Tierschutzorganisation auf ihr Anliegen angesprochen zu werden. Diese Mitarbeiter sind tief betroffen vom Umgang des Menschen mit Tieren, von der Massentierhaltung oder von Tierversuchen. Zu Recht, wie ich finde. Der Punkt, der mir auffällt, ist nur der: Für den liebevollen Umgang von Menschen mit ihren Partnern wollte mich noch nie jemand umwerben. Eine solche Organisation gibt es nicht einmal. Irgendetwas ist da gehörig aus dem Ruder gelaufen.

WIE WIR POSITIVITÄT IN VERSCHIEDENEN LEBENSBEREICHEN EINSETZEN

Warum gehen wir negativ mit unseren Partnern um? Von der Antwort auf diese Frage hängt eine Menge ab – für Sie und für Ihre Partnerschaft. Gut möglich, dass es auch Ihnen leichter fällt, Ihre Kinder mit Positivität zu erziehen, als Ihrem Partner mit Positivität zu begegnen, wenn er sich gerade nicht so verhält, wie Sie es sich wünschen. Positivität in Partnerschaften ist ganz ohne jeden Zweifel keine Stärke in unserer Gesellschaft. Leider.

Lassen Sie uns noch einmal zu Norbert und Elise und ihren Kindern aus dem letzten Kapitel zurückkehren, um das genauer zu erkennen: Die Eltern hatten sich einen heftigen verbalen Schlagabtausch geliefert, die Kinder Nora und Luise waren in Hörweite. Am Umgang von Norbert und Elise mit ihren Kindern einerseits und miteinander andererseits können wir das seltsame Nebeneinander von positiven Strategien in der Erziehung und negativen Vorgehensweisen in der Partnerschaft gut beobachten.

Positive Bestärkung – in der Erziehung längst anerkannt

Nora und Luise sind zwei wunderbare Kinder. Unbeschwert, fröhlich, neugierig, einfühlsam, klug und impulsiv. Die beiden Mädchen haben noch nie eine Beleidigung zu hören bekommen und wurden noch nie bestraft. Wütend gezischte Anschuldigungen sind Nora und Luise ebenso fremd wie angebrüllt oder geohrfeigt zu werden, Hausarrest oder Fernsehverbot zu bekommen.

Beide Eltern – Norbert wie Elise – sind der festen Überzeugung, dass es wichtig ist, in der Erziehung auf positive Vorgehensweisen zu setzen, auch wenn es manchmal anstrengend ist. Warum? Den

Kindern und ihrer Entwicklung zuliebe. In ihrem Umgang mit Nora und Luise sind Norbert und Elise die friedfertigsten und verständnisvollsten Eltern. Und alle ihre Freunde erziehen ihre Kinder ebenso. Sie alle sind bemüht, die *Negativität* als Erziehungsmethode konsequent und ohne jedes Wenn und Aber durch *Positivität* zu ersetzen.

Kommen wir zur Partnerschaft von Norbert und Elise. Da handeln – und denken! – die beiden ganz anders. Kommt es zu Differenzen in den Bedürfnissen, Wünschen und Vorstellungen zwischen den beiden, herrscht in ihrer Beziehung häufig ein liebloser und oft auch beleidigender Umgangston.

In jeder Beziehung gibt es unterschiedliche Bedürfnisse, unterschiedliche Wünsche und unterschiedliche Vorstellungen davon, wie die Dinge zu tun sind – und wie nicht. Da ergeht es Norbert und Elise nicht anders als uns allen. An der Stelle unterscheiden sich Partnerschaften nicht von den Konflikten, die üblicherweise zwischen Eltern und ihren Kindern entstehen.

Aber während Norbert und Elise solche Konflikte mit den Kindern partnerschaftlich und mit den Mitteln der Positivität lösen, greifen sie in der Beziehung zu ausgesprochen unangenehmen Mitteln. Hier kommt alles zum Einsatz, was sie ihren Kindern niemals und unter gar keinen Umständen zumuten wollen: Es gibt Kritik – Unmengen an Kritik. Es gibt Beleidigungen. Es gibt wüste Beschimpfungen. Und es gibt wütende Faustschläge auf den Küchentisch und lautstark zugeworfene Wohnungstüren. Es gibt eine geballte Ladung an Negativität.

Auch Partnerschaft braucht Positivität

Positive Strategien im Umgang mit anderen Menschen bereiten Norbert und Elise erkennbar keine grundsätzlichen Probleme. Beide können das.

Norbert kann das. Mit seinen Freunden, am Arbeitsplatz und mit seinen Kindern und deren Freundinnen. *Elise kann das.* Mit ihren Freundinnen, Arbeitskollegen und ihren Kindern.

Aber beide, Norbert wie Elise, sind nicht davon überzeugt, dass Kritik, Beleidigung und Gebrüll in einer Partnerschaft nichts zu suchen haben. Sie halten *Negativität* in der Beziehung keineswegs für ein Tabu. Die beiden würden sicher auch kein flammendes Plädoyer *für* die Negativität in der Partnerschaft halten. Sie haben allerdings auch noch nie ein Buch gelesen über Positivität in der Partnerschaft. Und in einen Vortrag zum Thema »Beziehung« sind die beiden garantiert auch noch nie gegangen.

Ihre Partnerschaft und wie sie sich positiv gestalten lässt, steht nicht gerade oben auf der To-do-Liste von Norbert und Elise. Da stehen andere Dinge:

Karriere machen.

Kinder erziehen.

Hausarbeit gerecht verteilen.

Freunde einladen.

Events aller Art, vom Besuch bei Rockkonzerten bis zu aufwendigen Picknicks mit Freunden.

Urlaube planen.

All diese Dinge fordern die Zeit und die Energie der beiden. Für all diese Dinge brauchen sie sehr viel Wissen und manchmal auch eine große Portion Geduld.

Was sich nicht auf dieser Liste findet, sind die Punkte »Zeit füreinander« und »Umgang miteinander«. Norbert und Elise verwenden überhaupt auf ihre Partnerschaft deutlich weniger Energie als für die Diskussion von Urlaubszielen oder für die Frage, ob Luise das gewünschte iPad bekommt oder nicht. Von Wissen und Geduld noch gar nicht geredet. Norbert und Elise wissen erschreckend wenig über die Liebe. Und geduldig gehen sie auch nicht miteinander um.

Nicht anders läuft es bei den Gesprächen im Freundeskreis. Im Gegensatz zur Kindererziehung, über die die beiden gerne reden, spielt das Thema Partnerschaft und die in letzter Zeit immer seltener werdende Sexualität in ihren Gesprächen mit Freunden keine Rolle. Es ist ja auch zu peinlich!

Niemand ihrer Freunde weiß, wie laut und wie heftig es oft in der gemütlichen Küche der beiden wird, wo sie nach dem gemeinsamen Abendbrot gern noch mit ihren Freunden sitzen und in aller Ruhe ein Glas Rotwein trinken, während die Kinder ausgelassen im Kinderzimmer toben oder eine CD mit Geschichten von Pippi Langstrumpf hören.

Wieso wir alle trotzdem so oft zu negativen Strategien greifen

Negative Strategien sind der Hauptgrund, warum wir alle glauben, den Partner zu verändern, das sei schlechterdings unmöglich und es bringe eine Partnerschaft nur unnötig in Gefahr. Trotzdem sind sie für viele Menschen wieder und wieder das Mittel der Wahl, wenn sie unzufrieden werden mit ihrer Beziehung. *Warum tun wir das wieder und wieder – obwohl es absolut nichts bringt?* Ist das nicht reichlich verrückt, angesichts der Tatsache, dass es mit positiven Strategien gute Alternativen gibt?

Die amerikanische Therapeutin Michele Weiner-Davis drückt diese Frage gern noch etwas drastischer aus. Setzen Wissenschaftler eine Ratte in ein Labyrinth, das fünf Tunnel hat, und in einem davon liegt Käse, dann wird die Ratte alle Tunnel erkunden und nach dem Käse suchen. Legen die Wissenschaftler den Käse nun jedes Mal in den fünften Tunnel, dann merkt die Ratte sich das und läuft zuerst in diesen Tunnel. Wenn sie nun den Käse in den zweiten Tunnel legen, geht die Ratte wiederum in den fünften, sieht, dass kein Käse da ist, und kehrt um. Das wiederholt sie ein paar Mal, aber sie merkt bald, dass der Käse nicht mehr im fünften Tunnel ist. Und dann durchsucht sie wieder die anderen Tunnel, so lange, bis sie den Käse findet.

Die provokante Frage, die Michele Weiner-Davis diesem bekannten Laborexperiment anschließt, ist eigentlich nur: Warum landen Frauen immer wieder in diesem fünften Tunnel – und verbringen so viel Zeit damit, leere Tunnel zu durchforsten, obwohl es gar nichts bringt?

Das ist vielleicht ein wenig ungerecht formuliert gegenüber den Frauen, denn Männer, die versuchen ihre Frauen zu ändern, landen in der Regel auch immer und immer wieder im fünften Tunnel, also da, *wo kein Käse ist*. Die Frage lautet in meinen Augen also: *Warum laufen so viele Menschen über Jahre hinweg immer wieder in den falschen Tunnel?*

Warum ziehen all die Birtes und Norberts und Elises aus ihren Misserfolgen nicht den Schluss, dass sie an einem anderen Ort suchen müssen? Warum schaffen wir alle es nicht, untaugliche Verhaltensweisen ad acta zu legen – und nach neuen, funktionierenden, nach positiven Strategien zu suchen?

DIE HAUPTVERDÄCHTIGEN PROBLEMVERURSACHER IN BEZIEHUNGEN

Ich werde Ihnen im Folgenden die fünf Hauptverdächtigen vorstellen, die als Verursacher dafür in Frage kommen, dass Paare wieder und wieder bei der *Trias der Negativität* landen – und die *Trias der Positivität* möglicherweise nicht einmal kennen und noch nie versucht haben, eine der drei Elemente in ihrer Beziehung anzuwenden.

Eine Bitte habe ich im Folgenden an Sie: Prüfen Sie bitte einmal selbst, welche der Verdächtigen Ihnen bekannt vorkommen. Gut möglich, dass Sie in der Vergangenheit ebenfalls den einen oder anderen Fehler in Sachen Positivität und Negativität gemacht haben. Fehler sind aus dem menschlichen Leben nicht wegzudenken. Wir alle machen unablässig Fehler. Die Frage ist nur, ob wir daraus auch lernen.

»The only real mistake is the one from which we learn nothing«, hat der amerikanische Automobilmagnat Henry Ford einmal gesagt. Jeder von uns hat das Recht auf Fehler, Sie ebenso wie ich. Es gibt sogar so etwas wie ein *Grundrecht des Menschen auf Fehler*. Und dieses Grundrecht auf Fehler gilt natürlich auch in der Liebe.

Fehler zu machen, das ist nicht das Problem. Nichts aus Fehlern zu lernen – das ist allerdings ein Problem. Wir sind dann dazu verurteilt, immer und immer wieder die gleichen Fehler zu machen.

Wer aus Fehlern lernen will, der sollte die Ursachen kennen. Schauen wir also einmal genau hin, was alles den Fehler der Negativität in Partnerschaft verursachen kann. An Verdächtigen hierfür herrscht wahrlich kein Mangel.

Hauptverdächtiger Nummer eins: Die Romantik

Die Romantik als Wurzel von negativen Strategien in der Partnerschaft zu bezeichnen, das mag den einen oder anderen von Ihnen überraschen. Mich als Philosophen und Germanisten überrascht dieser Befund aber nicht wirklich. Romantik besteht ja nicht nur aus romantischen Handlungen wie Blumen mitzubringen oder Überraschungspicknicks zu veranstalten. Die Romantik gibt es auch in Form von romantischen Liebesklischees, als Bilder von der Liebe – in unserem Kopf. Diese Bilder haben mit der realen Liebe oft nicht viel zu tun. Und deshalb können sie die Liebe gefährden. Weil die fiktive Liebe in unseren Köpfen der realen Liebe nicht entspricht.

Ich setze mich schon lange mit Liebesmythen und trivialen Liebesvorstellungen auseinander, und mit deren Folgen für die reale Liebe. Mein Fazit: Unsere romantische Idee von der Liebe trägt einen großen Teil zu den eskalierenden Streits in Partnerschaften bei. Das gilt für die scheinbar unlösbaren Probleme zwischen Norbert und Elise ebenso wie für die unausgesprochenen Erwartungen zwischen Birte und Kurt. Birte scheitert wieder und wieder bereits daran, klare Ansagen zu machen. Auch das hat mit romantischen Liebesklischees zu tun.

Schon als Kind hatte Birte klare Vorstellungen von der Liebe – Sie kennen ihren ausgeprägten Hang zu märchenhaften Hochzeitsfeiern ja schon (▶ Seite 33). Romantische Liebesideale durchzogen einen großen Teil der Bücher, die sie las. In Birtes

Vorstellungswelt wimmelte es nur so von romantischen Liebesklischees. Der Prinz auf dem weißen Pferd. Die schöne Prinzessin. Das rauschende Hochzeitsfest – und anschließend lebten sie glücklich und zufrieden bis an das Ende ihrer Tage …

In Birtes Vorstellungswelt soll ihr Prinz ihr jeden Wunsch von den Augen ablesen. Es ist nicht nötig, ihn auf ihre Wünsche auch hinzuweisen. Mit dieser Sicht der Dinge steht Birte nicht allein da. Und sie hat sie sich ja auch nicht ausgedacht. Sie hat auf die vorherrschenden Klischees unserer Kultur zurückgegriffen. Dem anderen jeden Wunsch von den Augen abzulesen, das ist ein Standardklischee über die Liebe. Fiktive Liebe in Märchen und Liebesromanen kommt ohne klare Ansagen aus und feiert stattdessen immer wieder das wunschlose Glücklichsein.

Doch so ist die reale Liebe nicht. In einer Partnerschaft müssen wir uns wieder und wieder für unsere Wünsche und Bedürfnisse einsetzen. Denn wer in der Liebe ein »von den Augen ablesen« erwartet, der wird von der Realität zumindest enttäuscht sein. Möglicherweise sogar entsetzt.

Hauptverdächtiger Nummer zwei: Ich bin im Recht

Die »Ich-bin-im-Recht-Falle« ist eine der gefährlichsten Fallen in der Liebe überhaupt. Wer im Recht ist, der ist gemeinhin nicht zimperlich in der Wahl seiner Mittel. Warum auch? Er ist ja: im Recht! Er versucht, sich durchzusetzen, statt beim anderen für das zu werben, was er gern möchte.

Norbert ist abgelenkt durch sein Handy, Elise stört das. Sie denkt nun aber nicht: »Ich brauche jetzt sofort seine ungeteilte Aufmerksamkeit. Am besten sage ich Norbert das, dann legt er das Handy bestimmt zur Seite.« Sondern sie glaubt, dass sie ein Recht auf »handyfreie« Zeit mit Norbert hat. Norbert glaubt das aber nicht.

Birte denkt nicht: »Ich möchte gern zum Feierabend mit Kurt auf dem Sofa sitzen und seine Hand halten. Das gefällt mir. Mal schauen, ob er dafür zu gewinnen ist.« Sie denkt auch nicht: »Ich würde gern wissen, wie sein Tag war. Schauen wir mal, ob ich ihn dazu ermuntern kann, mir etwas darüber zu erzählen.« Sie glaubt nicht, dass sie bei ihrem Partner für ihre Bedürfnisse werben sollte. Sie glaubt, dass sie im Recht ist mit dem, was sie will. Und ihr Partner ist im Unrecht mit dem, was er tut – und das erbittert sie. Wieso sieht er sein Unrecht nicht endlich ein?

Dazu kommt, dass wir stillschweigend voraussetzen, der andere müsse zwangsläufig so denken und fühlen wie wir selbst: »Er muss doch merken, dass mich sein Gesimse stört! Ich würde das doch auch nicht tun.«

Nein, Norbert muss es nicht merken. Nicht, so lange Elise ihm ihre Wünsche und Bedürfnisse nicht klar mitgeteilt hat.

Hauptverdächtiger Nummer drei: Ich will mich unbedingt durchsetzen

Birte ist in einer Zeit groß geworden, in der Frauen geraten wurde, sich in Partnerschaften unbedingt durchzusetzen. Wehr dich! Lass dir nichts gefallen! Das waren die Maximen, die sie als junge Frau Anfang der 1970er-Jahre mitbekam. Sie hat außerdem miterlebt, wie sich ihre Mutter dem Vater und seinen Vorstellungen fügte. Sie hat sich damals fest vorgenommen, dass sie das nicht tun wird. Sie glaubt, dass es darauf ankommt, sich unbedingt durchzusetzen gegenüber ihrem Partner. Und dass sie dadurch bekommen wird, was ihr zusteht.

Ich muss mich unbedingt durchsetzen – mit diesem Vorsatz scheitern viele Menschen in ihren Partnerschaften, Männer ebenso wie Frauen.

Hauptverdächtiger Nummer vier: Ratschläge von Freundinnen und Freunden

Keine von Birtes Freundinnen denkt, dass es an den Methoden liegt, die Birte anwendet, wenn sie in der Beziehungskommunikation wieder und wieder scheitert. Jede ihrer Freundinnen würde entsetzt reagieren, wenn Birte als Mutter ihre Kinder so behandeln würde, wie sie ihren Mann behandelt. Auch hier findet sich also wieder das seltsame Nebeneinander von Positivität in der Erziehung und dem schnellen und beherzten Griff zur Negativität in der Partnerschaft.

Ihre Freundinnen schicken Birte somit – sinnbildlich gesprochen – auch wieder und wieder in den Tunnel mit der Nummer fünf, den Tunnel, in dem der Käse nun mal nicht ist. Und keine weist sie darauf hin, dass es noch andere Tunnelröhren gibt. Das liegt auch daran, dass Birtes Freundinnen aus ganz ähnlichen Familien kommen und ihre Überzeugungen teilen.

Hauptverdächtiger Nummer fünf: Unkenntnis

Ein weiteres Problem, das Birte vermutlich mit vielen anderen Menschen teilt: Sie kennt keine positiven Strategien. Birte kommt aus einem Elternhaus, in dem wenig gelobt wurde. Kritik dagegen war an der Tagesordnung. Und es gab gelegentliche Wutanfälle des Vaters, wenn es einmal doch nicht nach seinen Vorstellungen lief. Das macht Birte anfällig dafür, sich bei ehelichen Problemen vollständig auf die Wirkung von Kritik und von Wutanfällen zu verlassen.

Um im Bild von Michele Weiner-Davis von den Laborratten und dem Experiment mit den fünf Tunnelröhren zu bleiben (► Seite 109): Birte hat nicht die leiseste Ahnung, dass es noch vier weitere Tunnelröhren gibt. Sie kennt und sieht nur diese eine, die fünfte eben. Deshalb ist sie so schrecklich enttäuscht und wütend über die vielen Niederlagen in ihrer Ehe.

Es ist so, als wenn sie schon tausendmal den gesamten fünften Tunnel des Labyrinths eingehend durchsucht hätte. Wieder, wieder und wieder. Und nun sitzt sie frustriert und achselzuckend zugleich vor dem Tunneleingang. Wie oft hat sie schon aufgeben wollen? Unzählige Male. Sie hat die Trennung wieder und wieder erwogen. Und dann hat sie doch an der Beziehung festgehalten. Hat wieder den fünften Tunnel nach dem Käse durchsucht – und einen weiteren Misserfolg erlebt.

Ein Fazit

Ziehen wir ein Fazit. An Gründen, warum wir immer wieder zu negativen Verhaltensweisen greifen, mangelt es nicht. Es gibt derer viele. Keiner der genannten fünf Verdächtigen ist ein Einzeltäter. Sie alle wirken zusammen. Sie haben sich also regelrecht als Gruppe zu ihren Taten verschworen. Das macht einen Teil ihrer großen Macht über uns und unser Verhalten in der Partnerschaft aus.

Sind Sie jetzt gerade beim Lesen Ihren persönlichen Hauptverdächtigen ein wenig auf die Spur gekommen? Das würde mich freuen. Scheuen Sie sich bitte nicht davor, Fehler in der Vergangenheit zu erkennen. Der Raum der menschlichen Freiheit – das ist die Zukunft. Sie gilt es zu gestalten. Die Vergangenheit war, wie sie war. Sie wissen ja: Ein schlechtes Gewissen wegen vergangener Fehler nutzt niemandem. Es schadet sogar, denn es raubt Ihnen die Energie, die Sie brauchen, um die Zukunft anders zu gestalten. Das Einzige, was hilft: aus den Fehlern der Vergangenheit für die Zukunft zu lernen.

KAPITEL ACHT

MACHEN SIE KLARE ANSAGEN

Belohnung plus klare Ansage plus Sympathie – diese Formel hätte Birte vor dem Unglück ihrer Ehe bewahren können – und kann Sie vor einem ähnlichen Unglück in Ihrer Ehe retten.

Der Partner verhält sich nicht wie erhofft oder wie gewünscht – das ist die Grunderfahrung, die wir in einer Partnerschaft machen. Sie. Ich. Wir alle. Nichts Ungewöhnliches also.

Auch Lena ergeht das gerade so. Sie erinnern sich noch an Lena und an Paul aus dem ersten Kapitel (► ab Seite 11)?

Nach neun verliebten Monaten ist Lena mit Paul zusammengezogen. Das zieht Probleme nach sich. Paul ist ordentlicher als Lena. Manchmal findet sie ihn sogar richtig pingelig. Die Hausarbeit ist in Lenas Augen in letzter Zeit zu oft an ihr hängengeblieben. Auch dieses Problem harrt jetzt einer Lösung. Lenas derzeit größtes Problem ist allerdings etwas ganz anderes: Sie kommt nach Hause und Paul sitzt auf dem Sofa, schaut in aller Ruhe eine Reportage auf Phönix und macht keine Anstalten, Lena so zu begrüßen wie noch vor wenigen Wochen. Lena staunt. Wie kann ein Mann sich nur so schnell verändern!

Aber Lena staunt nicht nur. Sie ist auch verärgert. Was kann sie jetzt tun? Soll sie Paul anschreien? Soll sie den Stecker aus der Steckdose ziehen?

Birte würde jetzt so tun, als sei nichts passiert. Sie würde in die Küche gehen und das Abendbrot machen und würde versuchen, sich die Kränkung durch die ausgefallene Begrüßung nicht anmerken zu lassen. Das ist in ihrer Ehe schon immer ihr Vorgehen: Ich darf mir nichts anmerken lassen! Ich muss zufrieden sein mit dem, was ich bekomme!

Sich nichts anmerken zu lassen und genügsam zu sein – das sind die Leitsätze ihres Lebens. Vielleicht wäre *Leid*-Sätze dafür der passendere Begriff. Denn es geht ja immer nur eine Weile gut – bis zu dem Tag, an dem Birte unversehens explodiert und ihren Mann mit einer geballten Ladung an Vorwürfen überschüttet.

Klare Ansagen hätten Birte weitergeholfen. Starten wir unseren Weg durch die Trias der Positivität also mit diesem Punkt. Nicht nur Birte wäre mit klaren Ansagen besser gefahren. Auch all die anderen Streitenden, Norbert, Elise, Stefan, Harald, Mathias und Susanne kämen in ihren Partnerschaften deutlich besser zurecht, wenn sie mit dem, was sie erreichen wollen, nicht hinter dem Berg halten würden. Sie alle haben zu keinem Zeitpunkt ernsthaft ihrem Partner oder ihrer Partnerin gesagt, was sie wollen. Sie alle machen keine klaren Ansagen.

Lena schaut hinüber zu Paul. In ihr reift ein Entschluss. Sie macht auf dem Absatz kehrt – und geht. Das ist nicht die Form von Begrüßung, die sie sich vorgestellt hat. Es ist auch nicht die Form von Begrüßung, an die sie sich gewöhnen will.

Lena kommt aus einer Familie, in der es viel körperliche Zuwendung gab. Kuscheln mit dem Vater, ein Begrüßungskuss durch die Mutter, eine Umarmung der Eltern – so kennt Lena das Zusammenleben als Familie und als Paar. Und so kennt sie Paul auch aus den vergangenen Monaten.

Ohne eine richtige Begrüßung wird Lena in drei oder zehn oder fünfzig Jahren nicht zufrieden und glücklich sein. Das weiß sie genau. Und deshalb hat sie jetzt ein Problem. Sie muss jetzt handeln, will sie die Verantwortung für ihr Wohlergehen übernehmen und für das Wohlergehen ihrer Partnerschaft.

Lena zieht die Wohnungstür hinter sich zu. Unten angekommen steht Lena unschlüssig in der Tür. Wohin jetzt?

»Ab ins Café«, denkt sie. Das ist jetzt genau das Richtige für ihre Stimmung. Im Café am Mauerpark ist es um diese Zeit wie immer voll. Die Abendsonne steht noch hoch, jetzt im August. Viele Eltern sind mit ihren Kindern da und genießen Eis und Kuchen. Die Kinder schleppen ihre Förmchen mit sich herum, mit denen sie gerade noch auf dem Spielplatz neben dem Kinderbauernhof gespielt haben. Dort kräht gerade wieder Enrico, der Hahn. Was für eine Idylle, inmitten der Großstadt.

Lena schaut dem bunten Treiben nachdenklich zu. In ein paar Jahren will sie mit ihren Kindern drüben im Sandkasten spielen. Danach will sie bei den Hühnern und Enten und Ponys vorbeischauen und bei Enrico, dem Hahn. Und anschließend will sie noch auf einen Cappuccino und ein Eis einkehren. In ein paar Jahren will sie das alles erleben. Gemeinsam mit Paul.

HAVE YOU HAD YOUR SIX-SECOND-KISS TODAY?

Kinder mit Paul – das ist die ferne Zukunft. Jetzt aber ist erst einmal der aktuelle Frust dran. Petra ist dafür genau die Richtige. Lena braucht ein Gespräch unter Frauen. Petra hat ihr lange zugehört und sich klar auf ihre Seite gestellt. »Das ist ja blöd!«, hat sie gesagt. Doch dann hat sie gefragt: »Was kannst du tun, damit die Dinge sich ändern?« Gute Frage.

Nach dem Telefonat mit Petra weiß Lena weiter. Sie wird Paul klar sagen, was sie sich für ihre Beziehung wünscht. Sie weiß, dass sie mit solcher Lieblosigkeit unter keinen Umständen leben kann und will. Das sollte Paul wissen.

Sie wird ihm sagen, dass sie das braucht, eine Umarmung und einen Kuss. Eine richtige Umarmung, so wie früher. Bei dem Wort »früher« muss Lena schmunzeln. Das ist ja gerade einmal ein paar Wochen her. Und sie will einen richtigen Kuss, keinen flüchtigen *Hallo-Schatz-Kuss*, der eine halbe Sekunde dauert. Ein richtiger Kuss dauert sechs Sekunden. *Have you had your six-second-Kiss today?* So stand es neulich in einer Schlagzeile bei Yahoo.

Das Abendessen ist heute gestrichen. Paul kann sie ja zum Essen einladen! Ein paar Ecken weiter gibt es eine tolle Pizzeria. Eine Einladung, das wäre angemessen, nach der flauen Begrüßung. Zur Wiedergutmachung. Nein, sie wird ihm keine Szene machen. Sie wird kein Beziehungsgespräch beginnen und ihn nicht mit Kritik oder mit Vorwürfen überschütten. Sie wird ihm stattdessen ganz einfach sagen, was sie will.

SETZEN SIE DAS VW-GESETZ EIN

Keine Kritik – das war Dale Carnegies Konzept für einen höflichen Umgang von Menschen miteinander (▶ ab Seite 53). Für diese Lebensregel gibt es unter Paarberatern und Paartherapeuten unterschiedliche Formulierungen. Eine davon will ich Ihnen hier noch vorstellen. Sie lautet: Das VW-Gesetz. Bei dieser Formulierung steht der Buchstabe V für Vorwürfe und das W für Wünsche. Das VW-Gesetz lautet ausformuliert: Verwandele Vorwürfe in Wünsche, wenn du möchtest, dass du bekommst, was du willst.

#RegelNummer8: Formulieren Sie Wünsche.
Das macht den anderen geneigter, das zu tun, was Sie gern wollen.

Vorwürfe sind eine spezielle Form der Kritik. Sie gehören also in den Bereich der Negativität. Durch Vorwürfe fühlen sich Menschen in der Regel angegriffen. Und sie reagieren darauf mit einer Verteidigungshaltung. In der Praxis bedeutet das in der Regel, dass sie einen Gegenangriff machen – und die Spirale der Negativität nimmt ihren Lauf.

Das ist der Grund, warum ich Lena nicht dazu raten möchte, Paul mit Vorwürfen für sein Verhalten zu überschütten. Das provoziert Gegenmaßnahmen von Paul. In dem Fall ist es gut möglich, dass er sie entrüstet darauf hinweist, dass sie es war, die vorgestern ihr Telefonat mit ihrer Freundin Barbara nicht beendet hat, als er nach Hause kam. Ganze 20 Minuten musste er warten, bis sie endlich fertig war und ihn umarmt hat.

Ein Vorwurf an Paul – das entspricht auch nicht der Erfolgsformel Belohnung plus Sympathie plus klare Ansagen. Ein Vorwurf ist eher eine Art Strafe. Strafen sind uneffektiv. Mit einem Vorwurf entzieht Lena Paul die Sympathie. Wahrscheinlich wird er darauf enttäuscht reagieren. Und sich deshalb ebenfalls unsympathisch verhalten.

Auch bei einer Strafe wird Paul möglicherweise etwas lernen. Nach langem Gezänk und dem Austausch von Unhöflichkeiten gelangt er wahrscheinlich schließlich doch zu dem von Lena gewünschten Ergebnis. Das war ja auch die Erkenntnis aus Fred Skinners Versuchen mit Strafen. Ja, es ist durchaus möglich, Ratten mit der Hilfe von Strafen dazu zu bekommen, einen ganz bestimmten Hebel zu drücken. Es ist aber viel, viel leichter, das alles mit dem Mittel der Belohnung zu tun. Warum also strafen, wenn es anders einfacher geht? Nämlich mit Wünschen. Der Wunsch umgeht elegant die Probleme, die Vorwürfe nach sich ziehen. Deshalb ist der Wunsch das bessere und wirksamere Mittel. Er macht es möglich, die eigenen Bedürfnisse anzumelden – ohne die Regel »keine Kritik« zu verletzen.

ÄUSSERN SIE BITTEN

Eine andere Möglichkeit, für eigene Bedürfnisse einzustehen, ist die Bitte. Wie der Wunsch auch, umgeht die Bitte jede Kritik und konzentriert sich stattdessen klar auf das, was Sie erreichen wollen.

Laufen Sie beim Wünschen oder Bitten aber nicht in folgende Falle: »Ich kann ihn nicht darum bitten, denn ich will, dass er mich umarmt, weil er selbst sich das auch wünscht!« Dies ist eine sehr gefährliche, selbstlose Sichtweise. Halten sie sich fern von dieser Sicht der Dinge. Sie verhindert, dass Sie bekommen, was Sie sich wünschen. Sie verhindert, dass Sie klar und deutlich für

Ihre Wünsche einstehen, und öffnet der Unzufriedenheit mit der Partnerschaft Tür und Tor.

Natürlich wäre es wünschenswert, wenn es auch Paul nach wie vor ein Grundbedürfnis ist, Lena zur Begrüßung innig zu umarmen und zu küssen. Ist das aber nicht der Fall, dann darf er es gern auch Lena zuliebe tun. Er wird mit der Zeit seine Freude daran finden.

TU ES MIR ZULIEBE

Das führt zur dritten Möglichkeit, Vorwürfe zu vermeiden. Sie lautet: *Tu es – mir zuliebe!* Viele Paare versuchen einander davon zu überzeugen, dass das, was sie sich wünschen, in irgendeiner Form »richtig« ist. Sie argumentieren. Dabei geraten sie in eine andere Falle. Sie kommen nicht umhin, den Partner für seine Sicht der Dinge – die »falsche« nämlich – zu kritisieren. Die allermeisten Angelegenheiten, die in einer Partnerschaft verhandelt werden, sind aber nicht »richtig« oder »falsch«. Nichts ist falsch an Müsli zum Frühstück, an einem alten gebrauchten Auto oder an Urlaub auf dem Campingplatz. Doch zweifellos können alle diese Dinge Menschen auch unglücklich machen. Weil sie sich frische Brötchen wünschen – und Müsli nicht ausstehen können. Weil sie ein schnittiges Cabrio wollen – und alte verschlissene Autositze nicht leiden können. Weil sie sich einen Urlaub in einer geräumigen und komfortablen Ferienwohnung wünschen – und nicht die Enge und Unbequemlichkeit eines Wohnmobils oder eines Zeltes.

»Tu es mir zuliebe« ist das beste Argument, das sich denken lässt. Nutzen Sie es, so oft Sie können.

DAS PROBLEM VORLEGEN

Eine letzte – höfliche – Möglichkeit: Sie können Ihrem Partner auch *das Problem vorlegen.* Dabei schildern Sie ihm, was Sie stört. Und warum es Sie stört. Schildern Sie ihm die Situation aus Ihrer

Sicht. Ohne jeden Vorwurf an seine Adresse. Am Ende fragen Sie ihn, ob er einen Vorschlag hat, wie Sie beide in Zukunft mit solchen Situationen umgehen.

»Für mich fühlt es sich sehr unangenehm an, wenn ich nach Hause komme und du einfach vor dem Fernseher sitzen bleibst. Es ist für mich überhaupt kein schöner Start in den Feierabend. Hast du eine Idee, wie wir in Zukunft mit solchen Situationen umgehen können?«

Was würde Paul wohl zu so einer Frage sagen? Ich habe keinen Zweifel, was er tun wird. Konfrontiert mit Lenas Wunsch nach einer Umarmung und ihrem Frust darüber, dass sie heute ausgeblieben ist, wird er ihr entgegenkommen. Er wird von sich aus ein Begrüßungsritual vorschlagen, dass ihrem Bedürfnis Rechnung trägt. Vielleicht wird er sich auch erinnern, dass ihr schöner neuer Fernseher eine Pause-Taste hat. Er braucht auf seine Dokumentation über Supervulkane also nicht einmal zu verzichten, wenn er Lena zunächst einmal begrüßt.

UMARMEN – BITTE!

Soweit Lenas Möglichkeiten. Ich habe meiner Fantasie jetzt reichlich Raum gelassen, um Ihnen Anregungen zu geben für Antworten auf die spannende Frage, wie eine klare Ansage konkret verlaufen kann. In Wirklichkeit tut Lena nichts von alledem – weil nichts davon nötig ist.

Paul ist etwas durcheinander, als er Lena endlich auf ihrem Handy erreicht. Fünf Mal hat er es versucht. Immer war besetzt. Mit wem hat sie nur gesprochen?

»Wo bist du?«, fragt er Lena, ganz unsicher.

»Im Café unten«, sagt Lena, etwas einsilbig.

»Magst du vorbeikommen?« Paul mag.

Als Paul kommt, sieht er ein wenig reumütig aus. Ihm scheint klar zu sein, dass etwas schiefgelaufen ist in ihrem gemeinsamen Leben. Scheu kommt er heran, versucht einen Blick in Lenas

Augen zu erhaschen. Die sind ernst, aber nicht abweisend. Schon steht Paul vor Lena. Die steht auf, schaut Paul erwartungsvoll an. Paul ist unschlüssig, was er nun tun soll. Und so sagt Lena bei diesem ersten Streit der beiden nur ein einziges Wort zu ihm: »Umarmen!«

Und das haben die beiden dann auch ausgiebig getan. Wie kurz manche Beziehungsgespräche doch verlaufen können. Und wie konstruktiv.

WAS IST DRINGEND – UND WAS IST WICHTIG

Fröhlich und beschwingt fährt Lena am nächsten Morgen mit ihrem Fahrrad zur Arbeit. Sie hat den Weg an der Panke entlang gewählt. Dort ist es ruhiger und schöner als an der Schönhauser Allee. Die Vögel zwitschern – und Lena hängt ihren Gedanken nach.

War das ein spannender Abend! Lena und Paul waren noch in ihre gemeinsame Lieblingspizzeria weitergezogen. Paul hatte sie eingeladen, genau wie Lena es sich gewünscht hatte. Beide waren ganz entspannt und fühlten sich einander sehr nahe. Wie gut die Stimmung doch nach so einem Streit sein kann! Dabei hatten sie sich ja kaum gestritten.

Lena hatte »Umarmen« zu Paul gesagt und als er sie gerade in seine Arme nehmen wollte, da hatte sie auch noch ein freundliches »Bitte« hinterhergeschoben. Die Umarmung war ungewöhnlich lang. Der Kuss intensiv – und wollte gar nicht mehr aufhören. Wow! Viel besser.

Allzu oft hatten die beiden sich in letzter Zeit gerade einmal Zeit für einen kurzen Kuss auf den Mund genommen, gelegentlich eine halbherzige Umarmung – es war ja so schrecklich viel zu erledigen! Paul musste sich immer noch ummelden. In der Wohnung war noch einiges zu tun. Nur in der Küche hing die Lampe schon. Bei den Vorhängen waren sie noch nicht einmal bis zu einer Entscheidung gekommen.

Lampen, Ummeldungen, Vorhänge – das alles sind dringende Dinge, aber sie sind für den Bestand einer Partnerschaft nicht wichtig. Kennen Sie diese Unterscheidung in dringende und wichtige Angelegenheiten? Dringende Dinge werden von außen an uns herangetragen. Ein Termin für eine Examensarbeit muss eingehalten werden. Es ist keine Butter mehr im Haus und das Müsli ist auch alle. Eine Firma kommt und liest die Wasserzähler ab. Das alles muss ohne Zweifel erledigt werden. Es ist dringend.

Wichtige Angelegenheiten aber – wie eine innige Begrüßung, ein leidenschaftlicher Abend oder ein ruhiges Gespräch darüber, wie der Tag war – das alles fällt bei einer Vielzahl von dringenden Dingen schnell unter den Tisch. Schauen wir doch mal, was noch wichtig ist im gemeinsamen Leben von Lena und Paul. Genau das ist es nämlich, worüber Lena gerade nachdenkt, auf ihrem Weg zur Arbeit. Wichtig ist ihr die Aufteilung der Hausarbeit. Ohne Absprachen zum Putzen, Kochen, Waschen und Einkaufen bleiben diese Dinge oft an ihr hängen. Das ist ihr in der kurzen Zeit, die die beiden jetzt zusammenleben, bereits aufgefallen. Und das will sie nicht.

Dieses Thema ist für sie sehr wichtig. Sie wird es ansprechen. Wann? Am besten noch heute, entscheidet Lena. Die Stimmung ist gerade gut. Das hat auch damit zu tun, dass ihr erster Streit mit Paul so super verlaufen ist. Und natürlich auch mit dem Gespräch, das sich in der Pizzeria noch anschloss. Paul findet das mit der Begrüßung auch wichtig – kein Widerspruch also. Und er hat sich tatsächlich ein wenig über ihr langes Telefonat mit Ute geärgert, als er von der Arbeit kam und sie schon länger zu Hause war. Ein Glück, dass Lena sich nicht für Vorwürfe entschieden hatte. Sie hätte wohl tatsächlich einige Gegenvorwürfe zu hören bekommen. Es ist in letzter Zeit mehr als einmal passiert, dass sie nicht gleich Zeit für Paul hatte. Zweimal kam sie beispielsweise mit dem Einkauf nach Hause und hatte sich zunächst nicht um Paul gekümmert – sondern um den Einkauf. Die Milch in den Kühlschrank, den Kaffee ins Hängeregal …

Es war also gar nicht Paul, der damit begonnen hat, Begrüßung und Umarmung unwichtig zu nehmen. Es war Lena.

Bei dem Gespräch ist Lena erst klar geworden, dass sie sich wohl schon etwas länger über Pauls Engagement im Haushalt geärgert hat. Also hat sie sich demonstrativ um den Einkauf gekümmert statt um Paul. Ein Fehler. Sie wissen ja: Fehler sind im menschlichen Leben allgegenwärtig. Sie sind unsere tagtäglichen Begleiter. Auch bei Lena und Paul ist das so.

WIESO EINE AGENDA IHRE ZUFRIEDENHEIT IN DER PARTNERSCHAFT GARANTIERT

Der Punkt mit der Hausarbeit gehört auf Lenas Agenda, auf die Liste der Dinge also, die sie gern verändern möchte in ihrer Partnerschaft. Eine Agenda ist die Liste all der Dinge, die Sie in Ihrer Beziehung verändern wollen. Auf dieser Agenda sollten immer drei Punkte stehen. Drei Ziele. Drei Veränderungswünsche. Das hat einige Vorteile – für Sie wie für Ihre Partnerschaft.

Vorteil Nummer eins: Sie wissen, was Sie wirklich erreichen wollen

Dieser Vorteil ist sicher der wichtigste. Viele Menschen haben nur eine vage Ahnung davon, was sie in ihrer Partnerschaft ändern wollen. Am bekanntesten ist sicher das Beispiel der stets nörgelnden Frau. Sie nörgelt, weil sie unzufrieden ist. Aber was will sie? Selbst für den einfühlsamsten Mann ist es oft schwer herauszufinden, was seine nörgelnde Ehefrau eigentlich von ihm will. Der Grund: Sie weiß es selbst nicht. In der Regel hat die nörgelnde Ehefrau allerdings keinen sonderlich einfühlsamen Mann. Und bekommt auch deshalb nie das, was sie braucht.

Indem sie nörgelt, übernimmt sie keine Verantwortung. Sie drückt schlechte Laune aus – aber keine Wünsche oder Bedürfnisse. Doch wer gar nicht weiß, was er will, kann keine klaren Ansagen machen.

Es ist ganz leicht, sich unglücklich und vom Partner enttäuscht zu fühlen. Das passiert in Partnerschaften Tag für Tag. Jeder von uns kennt diese Gefühle und jedem von uns ist das schon einmal passiert. Aber es ist deutlich schwieriger herauszufinden, was genau uns stört. Was genau sich ändern soll. Mit einer Agenda übernehmen Sie Verantwortung für sich und Ihr Wohlergehen. Und für Ihre Partnerschaft.

Vorteil Nummer zwei: Eine Agenda macht zufrieden

Zwei Männer – zwei Vorgehensweisen: Paul weiß sehr genau, was er ändern will. Norbert dagegen hat davon nicht die geringste Ahnung. Er hat über diese Frage noch nicht einmal nachgedacht. Was glauben Sie, welcher der beiden ist wohl zufriedener mit seiner Partnerschaft?

Auch wenn es auf den ersten Blick unlogisch erscheint, Paul ist natürlich der zufriedenere der beiden. Und das auch dann, wenn er bislang noch keines seiner Ziele erreichen konnte. Lena ist etwas chaotisch, findet er. Und auch ihre liebenswerte Marotte, immer einen Teil des Einkaufs zu vergessen, gefällt ihm nicht wirklich.

Und einige seiner Ziele wird er auch nie erreichen – weil sie unrealistisch sind.

Da er aber weiß, *was* er verändern will, ist er mit der Situation in seiner Partnerschaft glücklicher. Das liegt an unserer Fähigkeit, uns die Zukunft vorzustellen: Paul geht davon aus, dass er seine Ziele nach und nach erreichen wird. Und das freut ihn schon heute und macht ihn gelassener.

Vorteil Nummer drei: Eine Agenda ist eine Handlungsaufforderung

Wer sich vornimmt, in Zukunft regelmäßig joggen zu gehen, dem wird gern geraten, sich die Joggingschuhe schon morgens mitten in den Weg zu stellen. Oder die Joggingsachen gut sichtbar bereitzulegen. Kommt er nach der Arbeit nach Hause, dann geben die

Joggingsachen eine klare Aufforderung zum Handeln. Es fällt leichter, den Vorsatz umzusetzen.

So ähnlich ist es auch mit Vorsätzen in der Partnerschaft. Gute Vorsätze in allen Ehren, aber der Wunsch, sich in Zukunft weniger zu streiten und öfter nett zueinander zu sein, solch vage Formulierungen führen in der Praxis meist zu gar nichts. Dazu sind die Vorsätze zu unbestimmt. Zu unkonkret.

Steht aber ganz oben auf Ihrer Agenda, dass Sie in Zukunft jeden Abend vor dem Einschlafen mit Ihrer Partnerin kuscheln wollen, dann ist das ein konkretes Ziel. Und weil es auf Ihrer Agenda ganz oben steht, ist es eine echte Handlungsaufforderung.

RegelNummer9: Erstellen Sie eine Agenda.
Wenn Sie eine klare und durchdachte Agenda mit drei Punkten haben, führen Sie eine glücklichere und stabilere Partnerschaft.

Was könnte auf Lenas Agenda stehen?

Zurück zu Lena und ihrer Agenda. Nicht nur das Gespräch mit Paul ist gestern Abend gut gelaufen. Anschließend war die Stimmung so entspannt, dass beide es plötzlich ganz eilig hatten, nach Hause zu kommen. In *ihr* Zuhause. Kaum fiel dort die Wohnungstür ins Schloss, da hat Paul Lena leidenschaftlich geküsst und ihr unter das T-Shirt gefasst. Schnell hat er es ihr über den Kopf gezogen. Lena hat derweil schon seinen Gürtel geöffnet und seine Hose fiel zu Boden. Irgendwie war es plötzlich »wie früher«, als sie noch nicht zusammen gewohnt und oft Mühe hatten, es überhaupt bis zum Bett zu schaffen, so stark war die Leidenschaft.

Lena fährt auf ihrem Rad, denkt an den gestrigen Abend und pfeift ein Lied. Nach dem Sex ist die Stimmung für ein Paar meist besonders gut. Milde und entspannt. Beide Partner fühlen sich einander nahe. Die allermeisten Paare wollen diese schöne Stimmung nicht durch schwierige Gespräche über Problemthemen stören. Und das ist ein Fehler!

Will Lena Paul zu Zugeständnissen bei der Hausarbeit bewegen, dann ist heute der optimale Tag. Hat sie sich erst wieder über irgendetwas im Haushalt geärgert, dann wird es weit schwieriger, den richtigen Ton zu treffen und zu einer guten Einigung zu kommen.

RegelNummer10: Nach dem Sex ist vor der Lösung.
Sprechen Sie schwierige Themen in Ihrer Beziehung an, wenn die Stimmung gerade gut ist. Sie finden dann leichter einen Kompromiss. Das muss nicht zwingend nach dem Sex sein.

Der Haushalt beziehungsweise die Verteilung der Hausarbeit – ist das schon alles, was auf Lenas Agenda steht? Nein, da ist noch ein Punkt. Paul ist ihr manchmal zu pingelig. Letztens hat er sie sogar darauf hingewiesen, dass noch ein paar Krümel auf dem Frühstückstisch lagen, nachdem sie abgeräumt hatte. Und als sie neulich zwei Paar Schuhe im Flur stehen hatte, hat er sie ermahnt, ein Paar doch bitte wegzuräumen. Bei aller Verliebtheit – wenn es um die Ordnung geht, dann sind Lena und Paul ganz schön unterschiedlich!

Unterschiedliche Vorstellungen von Ordnung sind in einer Partnerschaft völlig normal. Früher war das anders. Weder meine Eltern noch meine Großeltern haben je über solche Fragen diskutiert. Sie lebten so, wie gutbürgerliche Familien eben lebten. Das alles regelten sie nicht miteinander – sie folgten schlicht der Konvention. Und die schrieb vor, dass Ordnung und Sauberkeit zu den wichtigsten Werten gehörten. Das Chaos und Durcheinander, das heute bei manchen jungen Familien normal ist – sie wollen ihre Zeit lieber mit den Kindern verbringen, als mit unablässigem Putzen und Aufräumen – dieses Durcheinander hätten meine Großeltern wohl kaum ausgehalten. Sie kannten so etwas auch nicht.

Lena und Paul werden sich auch im Punkt »Ordnung« einigen müssen, wenn sie sich entschieden haben, als Paar gemeinsam in einer Wohnung zu leben.

Damit ist Lenas Agenda vorläufig komplett. Sie hat mit Paul die Begrüßung und das mit dem Sechs-Sekunden-Kuss besprochen. Paul war begeistert. Die Hausarbeit ist ein weiterer Punkt auf Lenas Liste. Und sie wird sich Gedanken über die unterschiedlichen Ordnungsvorstellungen machen.

SCHREIBEN SIE IHRE AGENDA

Und wie steht es mit Ihnen? Haben Sie vielleicht, während Sie gelesen haben, in Gedanken auch schon eine *Agenda* begonnen? Das freut mich, denn genau das sollen Sie jetzt ohnehin tun. Sie brauchen eine Agenda – Ihre Agenda. Damit Sie wissen, was sich in den nächsten Wochen und Monaten bei Ihnen verändern soll.

Erstellen Sie also in aller Ruhe Ihre Agenda. Sorgen Sie auch in Zukunft bitte dafür, dass Sie möglichst immer drei aktuelle Punkte auf Ihrer Agenda stehen haben.

Auch Nebensächlichkeiten zählen

Es kommt nicht darauf an, dass alle Punkte auf Ihrer Liste ganz wichtige Punkte sind. Auch Nebensächlichkeiten zählen. Sein Aftershave stört Sie? Kein Problem. Schreiben Sie es auf Ihre Agenda. Überlegen Sie sich, wie Sie ihn zu einem anderen Wohlgeruch bewegen können. Lassen Sie nicht locker. Auch viele Kleinigkeiten können eine Menge an guter oder schlechter Stimmung nach sich ziehen. Es ist nicht einzusehen, dass Sie sich mit dem Geruch eines Aftershave arrangieren sollten, den Sie nicht mögen. Immerhin sind Sie die Frau, die es am intensivsten zu riechen bekommt.

Stellt sich die Frage: Ist das mit dem Aftershave wirklich eine Kleinigkeit? Nein, denn tägliche Ärgernisse beeinflussen eine Partnerschaft ganz wesentlich.

Hinzu kommt: Einen Mann davon zu überzeugen, dass seine mit viel Mühe und über Jahre zusammengetragene Matchbox-Auto-Sammlung im Wohnzimmer nichts zu suchen hat, das ist wirklich schwer. Ihn aber von einem anderen Aftershave zu überzeugen, das ist – von seltenen Ausnahmen abgesehen – weitaus einfacher.

#RegelNummer11: Starten Sie Ihr Veränderungsprogramm mit kleinen Dingen.

Wenn Sie also eine Agenda haben und damit anfangen wollen, Ihren Partner zu verändern, dann ist es möglicherweise ganz vorteilhaft, wenn Sie auch Kleinigkeiten auf Ihrer Liste haben. Denn es ist gut möglich, dass Ihre Chancen, ihn zu Veränderungen zu bewegen, gerade bei diesen Punkten besonders gut sind. Und ein Erfolg zu Anfang beflügelt Sie zu weiteren Taten – das ist ein angenehmer Nebeneffekt.

Tipps für Ihre Agenda

Eine Agenda zu haben führt zu klaren Ansagen. Das ist das Ziel. Und klare Ansagen sind eine tolle Sache.

Sie können sich in Ihrer Agenda im Prinzip alles wünschen und um alles bitten, was sich nur vorstellen lässt. Sie können sich ein romantisches Wochenende in einem Wellnesshotel wünschen, mehr Zeit, ohne dass das Smartphone an ist. Oder eine sechswöchige Segeltour durch die Südsee. Und das alles dürfen Sie sich auch wünschen, wenn es für Sie wichtig ist.

Indem Sie das tun, steigt die Wahrscheinlichkeit, dass Sie bekommen, was Sie wollen. Eine Garantie gibt es selbstverständlich nicht. Ein Wunsch ist kein Befehl und sollte sich auch unter keinen Umständen so anhören. Warum? Weil Menschen auf Wünsche positiver reagieren als auf Befehle. So unlogisch es klingen mag, aber wenn Ihr Gegenüber die Freiheit hat, auf einen Wunsch auch Nein zu sagen, dann ist er wesentlich leichter für Ihr Anliegen zu gewinnen als bei einer harschen Aufforderung.

Es gibt allerdings Punkte auf Ihrer Agenda, die für den Bestand einer Partnerschaft zentral sind. Und es gibt andere, die deutlich weniger zählen. Segeltouren durch die Südsee gehören zu den weniger wichtigen Dingen. Und auch die Frage, ob er Ihren Musikgeschmack teilt und deshalb mit Ihnen auf das Konzert Ihrer Lieblings-Rockgruppe geht, entscheidet nicht über Wohl und Wehe Ihrer Beziehung. Leider neigen Paare dazu, den wirklich entscheidenden Dingen viel zu wenig Aufmerksamkeit zu schenken. Deshalb will ich Ihnen für *Ihre* Agenda noch ein paar Anhaltspunkte geben. Gehen Sie bei den folgenden Punkten bitte in sich und fragen Sie sich, ob sie in Ihrer Beziehung befriedigend gelöst sind. Sind sie es Ihre Meinung nach nicht – dann gehören diese Punkte in nächster Zeit auf Ihre Agenda.

Erstens: Die Verteilung der Hausarbeit

Eine ungerechte Verteilung der Hausarbeit ist ein tägliches Ärgernis. Deshalb sollten Sie diese nicht akzeptieren. Die Ungerechtigkeit an sich ist schon unangenehm genug. Leider hat so eine ungerechte Verteilung auch noch eine weitere Folge, die für beide Partner frustrierend sein kann: Sie haben seltener Sex. Warum das so ist, das ist nicht genau erforscht. Sie können sich aber gern auch mit Vermutungen über die Gründe für dieses Phänomen behelfen.

Warum haben Paare weniger Sex, wenn die Frau das Gefühl hat, dass die Hausarbeit ungerecht verteilt ist? Weil der tagtägliche Ärger über die Ungerechtigkeit die Stimmung der Frau trübt. Bei ihr sammeln sich negative Gefühle an. Tag für Tag. Beteiligt sich der Mann aber angemessen an Aufgaben wie Abwasch, Putzen und Aufräumen, stehen positive Gefühle im Vordergrund. So einfach ist es schon. Und so einfach ist es, die Libido einer Frau zu erhöhen. Ganz ohne rosarote Pillen, wie die Pharmaindustrie sie empfiehlt.

Zweitens: Das Gespräch über den Tag

Führen Sie jeden Tag ein etwa 20-minütiges Gespräch über den Tag? Falls nicht, sollten Sie ernsthaft darüber nachdenken, das Gespräch über den Tag auf Ihre Agenda zu setzen.

Ein Paar, das sich regelmäßig über seinen Tag unterhält, führt eine glücklichere und stabilere Partnerschaft. Das Gespräch über den Tag ist nach Forschungen sogar die wichtigste Maßnahme für eine dauerhaft glückliche Partnerschaft. Bei diesem Austausch über die Ereignisse des Tages geht es darum zu verstehen, was der andere erlebt hat in der Zeit, die beide getrennt voneinander verbracht haben. Ein Gespräch über den Tag ist also kein Informationsaustausch und auch keine Faktensammlung. Im Mittelpunkt stehen vielmehr die Gefühle, die Ihren Partner oder Ihre Partnerin während des Tages bewegt haben. Wie ist es dir heute ergangen? Das ist die Grundfrage des Gespräches über den Tag. Außerdem geht es darum, sich hinter den anderen zu stellen und ihm den Rücken zu stärken, denn das schafft Verbundenheit.

Wir gegen den Rest der Welt – das ist das Motto für Ihre Unterhaltung. Ihre Frau hatte Ärger mit der Chefin? Stellen Sie sich hinter sie – und reagieren Sie auf keinen Fall so wie Kurt (▶ Seite 72), der so ein Problem zum »Zickenkrieg« degradiert. Ihr Mann hatte eine Auseinandersetzung mit einem wichtigen Kunden? Stärken Sie ihm den Rücken. Tun Sie das nicht, dann wird er das als Kritik empfinden, als eine Kränkung – und enttäuscht sein.

#RegelNummer12: Stärken Sie einander den Rücken.
Denn dafür sind Sie ein Paar.

Glauben Sie mir: Wir gehen eine Partnerschaft nicht ein, um uns kritisieren zu lassen. Erinnern Sie sich an den positiven Kern einer jeden Beziehung. Wir suchen in ihr *Anerkennung*, *Wertschätzung* und *Respekt*. Deshalb ist die Regel »Wir gegen den Rest der Welt« so wichtig.

Das schließt nicht aus, dass Sie Ihrem Mann ab und an auch einmal einen Tipp geben dürfen, wie er mit seinen Kunden besser zurechtkommen könnte. Oder eine Idee äußern, wie sich Ihre Frau besser mit der Chefin verstehen könnte. Dafür gelten allerdings drei Regeln:

- Warten Sie auf den richtigen Moment.
- Fragen Sie vorher, ob Tipps überhaupt gewünscht sind.
- Achten Sie auf die Reaktion Ihres Partners oder Ihrer Partnerin.

Im Einzelnen könnte das dann vielleicht wie folgt aussehen.

Erstens: Äußern Sie solche Anregungen nicht während eines Gespräches über den Tag. Da zählt Rückhalt und Wertschätzung. Äußern Sie Anregungen lieber ein paar Stunden später oder sogar erst am nächsten Tag. Dann sind Ihre Chancen besser, dass Ihre Partnerin oder Ihr Partner einen Tipp überhaupt hören will.

Zweitens: Ist Ihr Partner besonders empfindlich in Sachen Ratschläge, fragen Sie ihn bitte, ob er einen Ratschlag überhaupt hören möchte. Vielleicht etwa so: »Ich habe da noch eine Idee, was du tun könntest, wenn ein Kunde unzufrieden mit dir ist. Möchtest du sie hören?«

Sie haben es sicher gemerkt: Ich war gerade sehr vorsichtig, als ich eine solche Frage formuliert habe. Das ist auch mein dritter Tipp an Sie: Äußern Sie Ihre Ideen bewusst vorsichtig. Sie *wissen* also nicht etwa ganz genau, wie Ihr Partner solche Situationen in Zukunft besser bewältigen kann. Wenn Sie so vorgehen, wird er Sie als neunmalklug erleben und sich abgewertet fühlen. Keine gute Idee. Äußern Sie also stattdessen nur *eine Idee.* Mehr nicht.

Wenn Sie die Erfahrung machen, dass Ihre Partnerin oder Ihr Partner auch auf diese vorsichtig vorgebrachten Ratschläge negativ reagiert, dann verzichten Sie bitte darauf. Jeder darf seine eigenen Erfahrungen machen – auch Ihr Partner. Ach ja, ehe ich es vergesse, dieser Hinweis gilt natürlich auch für alle Männer, die dieses Buch lesen. Also noch einmal: Jeder und jede von uns darf ganz eigene Erfahrungen machen – auch Ihre Partnerin.

Für das Gespräch über den Tag brauchen Sie exklusive und ungestörte Zeit mit Ihrem Partner – am besten 20 bis 30 Minuten. Wenn Ihre Kinder schon alt genug sind, um zu verstehen, dass die Eltern nicht gestört werden wollen, dann sollten sie auch während dieser Zeit nicht dabei sein.

Sie können selbstverständlich auch kein wirkliches Gespräch über den Tag führen, wenn einer von Ihnen vor dem Fernseher oder dem Computer sitzt. Und schließlich sind auch Smartphone und Telefon in dieser Zeit absolut tabu. Denken Sie immer daran, welches Signal Sie an Ihren Partner senden, wenn jede Störung von außen, jeder Anruf einer Freundin und jeder Post eines Bekannten wichtiger ist als Ihr gemeinsames Gespräch – und Ihre Zuwendung zueinander. So ein Verhalten erodiert eine Liebe mit der Zeit. Das Gespräch über den Tag soll Nähe herstellen, soll Intimität, Verbundenheit und Vertrautheit stärken. Deshalb ist es wichtiger als alles andere. Das signalisiert Ihrem Partner oder Ihrer Partnerin: Du bist das Wichtigste in meinem Leben.

Drittens: Keine Kritik

Achten Sie bitte darauf, ob Sie und Ihr Partner zu den Kritikern gehören, zu den Menschen also, die einander gern und viel kritisieren. Solch ein Verhalten führt in Beziehungen auf Dauer in der Regel zu großen Problemen. Das ist leicht zu verstehen: Tritt häufige Kritik an die Stelle der anfänglichen Bewunderung, sinkt die Positivität in der Beziehung. Das hält eine Liebe nur eine beschränkte Zeit aus.

Noch einmal: Wir sind in einer Beziehung, weil wir uns *Anerkennung*, *Wertschätzung* und *Respekt* wünschen, aber nicht, weil wir gern kritisiert werden. Kritik hingegen fordert uns zum Widerspruch heraus. So verwandelt sich eine Beziehung in einen Kampf um die Frage »Wer hat recht?«. Das führt zu einer abnehmenden freundschaftlichen Verbundenheit. Meiden Sie also Kritik, wenn Sie über Ihren Tag sprechen – und bitten Sie auch Ihren Partner, auf Kritik zu verzichten.

Viertens: Die Sexualität

Glückliche Paare haben in der Regel häufiger Sex als unglückliche. Das leuchtet ein. Was aber ist die Ursache – und was die Wirkung? Zieht das Glück mehr Gefühle der Verbundenheit und damit mehr Sex nach sich? Oder zieht mehr Sex mehr Gefühle der Verbundenheit nach sich und damit mehr Glück?

Beide Sichtweisen erscheinen gleichermaßen logisch. Deshalb rate ich Ihnen, sich genau zu überlegen, ob Ihr derzeitiges Sexleben eine Verbesserung vertragen könnte. Wünschen Sie sich häufiger Sex? Oder wollen Sie etwas ändern an Ihrer gemeinsamen Sexualität?

Paare haben heute deutlich seltener Sex als noch vor zwei Jahrzehnten. Als Berater erlebe ich immer öfter, dass Paare der gemeinsamen Sexualität schlicht kaum Platz einräumen. Immer ist etwas anderes wichtiger. Junge Paare, die auf ihre Karriere orientiert sind, arbeiten oft bis spätabends – und fallen danach völlig geschafft auf die heimische Couch. An Sex ist gar nicht mehr zu denken. Am Wochenende dann müssen Freunde besucht werden, ein Rockkonzert steht auch noch auf dem Programm. Das Ergebnis: Double income – no sex.

Bei Paaren mit kleinen Kindern arbeiten vielleicht nicht beide bis spät in den Abend. Dafür ist die Liste möglicher Gründe für »keinen Sex« bei ihnen aber noch länger. Die Kinder schlafen noch lange nicht durch. Oft arbeitet vorübergehend nur einer von beiden – und das oft noch länger als vorher, die ganze Familie hängt schließlich vom Einkommen ab. Ein Kind ist krank. Bei Facebook waren beide schon seit drei Tagen nicht mehr. Die Steuererklärung muss erledigt werden. Und am Wochenende ist das Pokalendspiel – das hat höchste Priorität. Das Ergebnis dieses tagtäglichen Karussells an dringenden Aufgaben: Immer ist etwas anderes wichtiger als die Sexualität.

Ob Sie und Ihr Partner häufig oder selten Sex haben, ist also nicht nur eine Frage von erotischen Stimmungen, die sich einstellen. Es ist auch eine Frage der Entscheidungen, die Sie beide treffen. Ist immer etwas anderes wichtiger, dann leidet die Sexualität eines Paares. Und damit die Verbundenheit. Setzen Sie bitte Prioritäten. Sie dürfen sich auch wünschen, dass Ihr Partner in Zukunft andere Prioritäten setzt. Die Partnerschaft geht vor.

DIE GRENZEN DER VERÄNDERBARKEIT

Die unterschiedlichen Ordnungsvorstellungen von Paul und ihr beschäftigen Lena bei ihrer Fahrt zur Arbeit. Sie kennt das schon aus vergangenen Beziehungen. Ihre Erfahrung: In puncto Ordnungsliebe ist es sehr schwer, einen Partner zu Veränderungen zu bewegen. Der liebevolle Chaot blieb auch in einer Partnerschaft mit ihr das, was er schon immer war – ein liebevoller Chaot. Und jetzt mit Paul und seiner Pingeligkeit – lässt sich da vielleicht etwas machen?

Klare Ansagen sind hilfreich und eine Agenda macht deutlich, was Sie gerade erreichen wollen. So weit – so gut. Aber: Sind alle Ziele, sind alle Wünsche und Bitten auch realistisch? Wir können diese Frage erweitern und etwas grundsätzlicher stellen. Sie lautet dann: *Wie veränderbar ist ein Mensch?*

Sprechen Sie nicht über Unveränderbares

Die Frage nach den Grenzen der Veränderbarkeit von Menschen ist auch deshalb so wichtig, weil Untersuchungen ergeben haben, dass Paare sehr viel Zeit und Energie darauf verwenden, Aspekte verändern zu wollen, die überhaupt nicht veränderbar sind. Den Charakter des Partners etwa. Oder dessen Lebensziele und Wertvorstellungen. In etwa zwei Drittel ihrer gemeinsamen Gesprächszeit reden Partner über Unveränderliches miteinander.

Es besteht in der Tat wenig Aussicht, dass Sie auf diese Weise positive Veränderungen erreichen. Einerlei ob nun ein liebevoller Chaot oder ein etwas pingeliger Mitmensch mit Ihnen Tisch und Bett teilt: den Charakter des Partners, seine innere Haltung grundlegend zu verändern, das ist aussichtslos. Deshalb rate ich davon ab.

Wenn Sie Veränderung möchten, konzentrieren Sie sich auf das Verhalten

Der Charakter eines Menschen ist nur sehr schwer zu verändern – sein Verhalten dagegen deutlich leichter. Die Frage für Lena lautet also nicht: »Wie sorge ich dafür, dass Paul weniger pingelig wird?« Lena sollte vielmehr versuchen durchzusetzen, dass Paul auch sie lässt, wie sie ist. Will er mit ihr glücklich sein, dann sollte er seine Vorstellungen von Ordnung und Sauberkeit ein wenig mit ihren harmonisieren. Nichts spricht dagegen, dass er den Läufer im Flur zur Seite räumt und auch darunter Staub saugt, wenn er mit dem Flur dran ist. Lena aber wird das auch in Zukunft nicht tun. Jedenfalls nicht jede Woche. Ihr ist das nicht wichtig. Paul sollte lernen, das zu akzeptieren.

Einigen sich Lena und Paul auf diesen Kompromiss, dann kann etwas Interessantes passieren: Über die Jahre gleicht sich ihr Verhalten aneinander an. Dieser Prozess lässt sich bei allen glücklichen Paaren beobachten. Wird die Ordnung zwischen Lena und Paul nicht zum Streitthema, dann entwickeln sich die beiden Stück für Stück aufeinander zu. Sie werden sich im Laufe der Zeit immer ähnlicher.

Das ist allerdings ein sehr langsamer Prozess. Er zieht sich über viele Jahre und Jahrzehnte hin. In langen stabilen und glücklichen Partnerschaften verändern sich unmerklich auch beide Partner – aber nur, wenn sie den Charakter des anderen nicht kritisieren. Lässt Paul Lena ihre Art der Ordnung und ihre Vorstellungen von Sauberkeit in der Wohnung, dann stehen die Chancen gut, dass die beiden immer ähnlichere Vorstellungen entwickeln. Mein Tipp für Sie: Machen Sie es wie Lena. Konzentrieren Sie sich auf das Verhalten Ihres Partners oder Ihrer Partnerin. Konzentrieren

Sie sich darauf, welches konkrete Verhalten Sie sich von Ihrem Gegenüber wünschen. Damit geben Sie dem anderen die Möglichkeit zu Veränderungen.

KAPITEL **NEUN**

ZEIGEN SIE SYMPATHIE

Wenn Sie nicht positiv über Ihre Partnerin oder Ihren Partner denken, dann haben Sie jetzt bereits verloren. Sie werden den anderen nicht ändern. Nicht heute und auch nicht morgen. Der Grund: Es ist nicht möglich, das Verhalten eines Menschen zu verändern, den Sie nicht aufrichtig mögen und schätzen.

Sympathie ist eine der entscheidenden Grundlagen für jeden Versuch, etwas in Ihrer Beziehung zu verändern. Positive Gedanken, positive *Worte* und positive Handlungen sind die grundlegenden Bausteine für die Sympathie zwischen zwei Menschen. Sympathie – das ist der zweite Teil der Trias der Positivität, der zweite Baustein für Veränderungen also.

SYMPATHIE – DER ZWEITE BAUSTEIN FÜR VERÄNDERUNG

Dass wir unseren Lebenspartner – oder unsere Lebenspartnerin – sympathisch finden, versteht sich im Grunde von selbst. Partnerschaften werden in unserer Kultur auf der Grundlage von Liebesgefühlen geschlossen. Dazu gehört neben der erotischen Anziehung immer auch eine große Portion Sympathie für den anderen. Trotzdem mangelt es in vielen Beziehungen nach dem Ende der Verliebtheit ganz ohne Zweifel gerade hieran.

Viele Paare verstehen sich dann zwar noch als Liebespaar, fangen aber an, sich wie Gegner zueinander zu verhalten. Sie handeln negativ. Sie reden negativ. Und sie *denken* negativ übereinander.

Damit aber ist das Unglück in der Liebe vorprogrammiert. Für Birte zum Beispiel ist es seit mehr als 30 Jahren völlig selbstverständlich, immerzu negativ über ihren Partner zu denken. Und unglücklich zu sein.

Bei Norbert und Elise ist es ähnlich. Will Elise, dass Norbert ihr zuhört, dann denkt sie: »Dieser Idiot, kann er sein Handy nicht mal zur Seite legen?«

Auch ihre Körpersprache schaltet von Sympathie auf Ablehnung um. Sie meidet Blickkontakt, lehnt sich zurück und schaut an die Decke, wenn sie mit Norbert spricht. Außerdem redet sie auch ausgesprochen unhöflich mit ihm. Und wundert sich dann, dass Norbert negativ reagiert. Dabei antwortet er nur intuitiv auf die Welle von Abneigung, die ihm entgegenschlägt. Und wie alle Menschen reagiert er auf Abneigung mit einer Verteidigungshaltung. Das bedeutet, dass er Elises Abneigung unglücklicherweise seinerseits mit Abneigung kontert. So vergrößert auch er das Unglück der beiden. Die beiden landen wieder und wieder in der Sackgasse. Und Elise bekommt nicht, was sie sich wünscht. Schade!

Exklusive Zeit, allein miteinander – das ist für Paare heute wichtiger denn je. Angesichts von Flachbildschirmen im Kinoleinwandformat, Internet und dem allgegenwärtigen Smartphone finden Paare heute viel zu selten diese Zeit, in der es ausschließlich um sie beide geht.

Veränderung braucht Sympathie

Menschen sind nur bereit, sich zu verändern, wenn sie sich geliebt fühlen. An dem Punkt tickt Ihr Partner oder Ihre Partnerin genau so wie alle anderen Menschen.

Sorgen Sie also dafür, dass Ihr Partner Ihre Sympathie spürt – auch und gerade wenn Sie dringende Veränderungswünsche haben. Sorgen Sie für positive Worte. Sorgen Sie für positive Taten. Und sorgen Sie für positive Gedanken.

Falls Sie nicht positiv über Ihren Partner oder Ihre Partnerin denken, dann sollten Sie ernsthaft überlegen, ob Sie in der richtigen Beziehung sind. Das ist *eine* Möglichkeit, es gibt noch eine zweite. Gut möglich, dass Sie schlicht abseitige Vorstellungen von der Liebe haben. Viele Paare haben das. Sie glauben, es sei möglich, den Partner unentwegt zu kritisieren und genauso häufig schlecht über ihn zu denken – und gleichzeitig ein liebendes Paar zu sein. Das ist ein verhängnisvoller Irrglaube. Viele Paare bezahlen ihn mit dem Verlust ihrer Liebe.

Warum positive Gedanken so wichtig sind

Positive Gedanken hängen eng mit positiven Gefühlen zusammen, denn unsere Gedanken haben großen Einfluss auf unser Gefühlsleben. Unser aller Verhalten ist erklärungsbedürftig. In einer Partnerschaft kommt es darauf an, dass wir positive Erklärungen für das Verhalten des anderen finden. Davon hängt der Bestand einer Beziehung ganz wesentlich ab.

Ist Elise ungehalten mit Norbert, weil der immer wieder auf sein Handy schaut, dann ist es ganz entscheidend, wie Norbert Elises Verhalten deutet.

Denkt er »Sie hatte einen schweren Tag, wahrscheinlich braucht sie mich gerade«, dann ist das gut für die Partnerschaft.

Denkt er hingegen »Du blöde Kuh! Kannst du denn nicht ein einziges Mal normal mit mir reden«, dann ist der weitere Ablauf vorgezeichnet.

Immerzu versuchen wir uns selbst Erklärungen für das Verhalten des Partners oder der Partnerin zu geben. Fallen diese Erklärungen positiv aus, stärkt das die Beziehung. Fallen sie negativ aus, schwächt es die Partnerschaft – weil die negativen Gedanken dazu führen, dass wir uns dem andern gegenüber negativ verhalten. Und negative Worte benutzen.

Übung: Die Stärken des anderen sehen

Denken Sie bitte gezielt an die Stärken Ihres Partners oder Ihrer Partnerin. Verweilen Sie bei jeder Stärke für eine kurze Zeit. Stellen Sie sie sich bildlich und in allen Details vor, bevor Sie sich dann auf die nächste konzentrieren. Reihen Sie auf diese Weise vier oder fünf Stärken hintereinander.

War diese Übung schwierig für Sie? Dann haben Sie sich möglicherweise schon an eine gehörige Portion Negativität in Ihrer Partnerschaft gewöhnt. Halten Sie mit positiven Gedanken bewusst dagegen. Ihre Beziehung wird davon profitieren.

#RegelNummer13:
Denken Sie jeden Tag einmal bewusst positiv über Ihren Partner. Konzentrieren Sie sich für einige Minuten auf seine Vorzüge.

POSITIVE WORTE

Alle Menschen lieben das gute Wort. Wir alle blühen auf, wenn wir Anerkennung, Lob und Bestätigung zu hören bekommen. Mir geht das so, meiner Frau geht das so. Und auch meine Kinder teilen diese Vorliebe für Anerkennung. Warum also sollte das bei Ihnen und Ihrem Partner anders sein?

Viele Paare machen es anders. Sie kritisieren sich gern und neigen zu negativen Worten. Es gibt die schreckliche Maxime: »Nicht kritisiert ist genug gelobt.« Viele Paare orientieren sich an dieser Maxime – und machen sich damit unglücklich. Schauen Sie sich nur mal folgenden Ausschnitt aus einem Paargespräch an:

Sie: »Ich würde mich freuen, wenn du ab und an mal sagen würdest, dass ich das mit den Kindern gut hinbekommen habe.«

Er: »Komplimente sind nicht mein Ding. Mag ich nicht.«

Sie: »Es würde eine Menge für mich bedeuten, weißt du.«

Er: »Wenn ich nichts zu dir sage, dann heißt das, dass alles okay ist für mich.«

Mich fröstelt ein wenig bei solchen Worten. Was dieser Mann im Kern zu seiner Frau sagt, heißt: »Niemals werde ich dir Anerkennung aussprechen für das, was du geleistet hast.«

Damit stößt er den Menschen, den er doch angeblich liebt und bewundert, absichtlich vor den Kopf. Ein gutes Wort ist von diesem Mann nicht zu erwarten.

Die meisten Beziehungen laufen ganz ohne Zweifel aus dem Ruder, weil es in ihnen an Anerkennung, Wertschätzung und Respekt fehlt. Beide Partner sind emotional extrem mangelernährt. Es fehlt ihnen – ein gutes Wort.

Fünf Portionen Anerkennung – ein Wunsch

Nichts führt so sicher zur Seele eines Menschen wie ein gutes Wort. Wir können uns dieses Wissen zunutze machen. Versuchen Sie es doch einmal mit folgendem Vorgehen: Denken Sie an einige Dinge, über die Sie sich in den letzten Tagen oder Wochen im Zusammenleben mit Ihrem Partner gefreut haben. Alles ist möglich: das schöne Abendessen, das Sie miteinander genossen haben. Der leidenschaftliche Sex. Der Sonnenuntergang, den Sie gemeinsam erlebt haben. Das Buch, das er ihnen neulich mitgebracht hat. Sammeln Sie all diese kleinen Erinnerungen – und dann sagen Sie es ihm. Sagen Sie ihm, wie gut es Ihnen mit all diesen Erlebnissen gegangen ist. Gönnen Sie sich und Ihrem Partner immer wieder eine geballte Ladung Positivität.

Die Übung ist aber noch nicht zu Ende, der spannende Schluss kommt noch. Nachdem Sie Ihrem Partner alles Positive gesagt haben, dürfen Sie im Anschluss auch noch einen Wunsch äußern oder eine Bitte. Was glauben Sie, wie gut Ihre Chancen stehen, dass Sie ein »Ja« bekommen auf Ihren Wunsch? Die Chancen sind sehr, sehr gut. Der amerikanische Partnerschaftsforscher John Gottman rät Paaren dazu, jede Woche ein solches Paargespräch zu führen. Erst drei bis fünf positive Anmerkungen – und dann ein Wunsch. Weil es so wirksam ist. Einerlei, ob Sie das positive Paargespräch zum festen Bestandteil Ihrer Partnerschaft machen wollen oder nicht, machen Sie bitte zumindest einmal einen Versuch mit dieser Form des Gesprächs. Es besteht nicht zufällig aus fünf Teilen Positivität und nur einem einzigen Teil »Ich wünsche mir«. Der große Anteil an Lob macht jeden Menschen geneigter, den darauf folgenden Wunsch zu erfüllen. Und das optimale Verhältnis zwischen Positivität und unseren Veränderungswünschen ist 5:1. Dieses Vorgehen hat noch einen zweiten Vorteil. Am Anfang steht hier das Positive. Das ist sehr hilfreich, denn Gespräche enden in der Regel so, wie sie begonnen haben. Startet einer der Partner also mit Negativität – dann endet das Gespräch in der Regel auch negativ. Startet er aber mit Positivität, dann sind seine Aussichten gut, den Partner für das eigene Anliegen zu gewinnen.

Natürlich gilt das alles nicht nur für Sie. Auch Ihr Partner darf Sie mit drei bis fünf Komplimenten verwöhnen – und anschließend kann er dann eine Bitte an Sie richten.

POSITIVE HANDLUNGEN

Nähern wir uns dem Thema der positiven Handlungen doch einmal mithilfe einer Frage: *Verliebt zu sein – warum fühlt sich diese Zeit eigentlich so unbeschreiblich gut an?*

Sie dürfen die Ursache gern bei den zahlreichen Hormonen suchen, die die beiden Verliebten überfluten und zu immer neuen Wohlgefühlen antreiben. Über Wochen. Über Monate. Falsch ist das nicht – aber es ist nur die halbe Wahrheit.

Werfen wir doch mal einen kurzen Blick auf so ein Paar. Schauen wir, wie es in Ronjas und Franks neuer Liebe so läuft. Die beiden kennen sich jetzt seit vier Monaten. Sie schreiben sich oft mehrmals am Tag liebevolle SMS. Sie begrüßen sich mit einer langen Umarmung und einem innigen Kuss. Sie können, sind sie zusammen, kaum die Finger voneinander lassen. Frisch Verliebte haben häufig und gern Sex. »Schlaf wird völlig überbewertet«, hat Frank neulich zu einem Freund gesagt. Und er strahlte dabei.

Die wichtigste Zutat, die die Zeit der Verliebtheit so unwiderstehlich schön macht, sie lautet: *Positivität.* Verliebte Paare sind gern und oft füreinander da. Das ist das Geheimnis ihrer Wohlgefühle. Positivität steckt an. Sie führt zu einer regelrechten Spirale des Glücks. Einem Engelskreis. Positive Gedanken an und über den anderen sind in diesem Zustand häufig. Positive Worte ebenso. Das zieht positive Handlungen nach sich, mit denen sich die beiden ihre Liebe bestätigen.

Ein paar Jahre später ist das noch ebenso wichtig. Doch Ronja und Frank haben jetzt zwei Kinder, drei und sechs Jahre alt. Sie haben anstrengende Jobs – und sie haben jede Menge Pflichten im Haushalt. Dadurch haben sie kaum noch Zeit für Freunde und für Hobbys. Zudem sind sie oft hundemüde, zum Beispiel, wenn eines der Kinder gerade krank ist.

Mittlerweile kritisieren sie einander gern und viel. Negative Worte, negative Gedanken und negative Handlungen haben das Ruder übernommen in ihrer Partnerschaft.

»Ist das zwangsläufig so?«, könnten Sie an dieser Stelle fragen. Verschleißt sich möglicherweise jede Partnerschaft automatisch mit der Zeit und macht einem gepflegten Nebeneinander Platz? Die Antwort auf diese Frage macht Hoffnung. Sie lautet: Selbstverständlich nicht. Es kommt nur darauf an, *was* die Beteiligten tun. In der Regel wird aus der großen Liebe der Anfangszeit nur deshalb eine kleine Alltagsliebe, weil wir viele der zugewandten Gesten und Handlungen vernachlässigen, die uns anfangs so beglückt haben.

Wenn Sie sich auch nach dem Ende der Verliebtheit immer noch gern und oft einander zuwenden, dann sieht die Zukunft Ihrer Partnerschaft genauso strahlend und glücklich aus wie die Zeit, als Sie sich ineinander verliebt haben.

Stellen Sie sich doch bitte einmal folgende Frage: Welche Gewohnheiten von Ihnen beiden aus der Zeit der Verliebtheit fanden Sie besonders schön und vermissen sie jetzt? Sind es die liebevollen SMS, die Sie sich in den ersten Monaten immer geschrieben haben? Sind es die kleinen Überraschungen, die Sie beide sich mehrfach in der Woche füreinander ausgedacht haben? Der Blumenstrauß ohne jeden Anlass? Das neue Buch von Ihrer Lieblingsschriftstellerin? Oder vermissen Sie die stürmische Begrüßung?

Einerlei, was es ist, Sie wissen, dass Sie sich in einer Partnerschaft wirklich alles wünschen dürfen. Schreiben Sie also gern auf Ihre Agenda auch ein oder zwei Dinge, die in der Anfangszeit Ihrer Liebe ganz besonders schön für Sie beide waren.

Liebe ist Positivität. Diese Sicht auf die Liebe klärt auch die uralte Frage, was Liebe eigentlich ist: Sie ist im Kern ein Wechselspiel zwischen positiven Handlungen und daraus folgenden positiven Gefühlen und Gedanken über den anderen – die im besten Fall wiederum positive Handlungen nach sich ziehen.

POSITIVITÄT VERSUS POSITIVES DENKEN

An Gelegenheiten zum liebevollen Handeln herrscht im Alltag einer Partnerschaft kein Mangel: Das kann die Tasse Tee sein, die mir meine Frau an den Schreibtisch bringt. Das können die Blumen sein, die ich ihr mitbringe, ganz ohne Anlass. Das können liebevolle Umarmungen und Küsse sein. Oder auch der Sex. Die menschliche Sexualität ist eine ganz wunderbare Form der *Positivität.* Keine andere Handlung zieht so viele Glückshormone nach sich wie guter Sex. Das haben Sie sich wahrscheinlich schon gedacht. Deshalb sind Partnerschaften, in denen die Sexualität sehr selten wird oder gar versiegt ist, sehr gefährdet. Eine wichtige Quelle der Zuwendung fällt weg.

In unserer Kultur glauben wir an die Macht der Liebe. Doch das ist grundfalsch, wie uns Scheidungszahlen und Seitensprünge bei Freunden wie bekannten Persönlichkeiten immer wieder zeigen. Liebe für einen anderen Menschen entsteht und bewahrt sich nicht einfach so von selbst. Sie muss immer wieder erneuert werden. Durch Positivität. Es ist die Positivität, die Tag für Tag die Grundlage für das schafft, was wir Liebe nennen: unsere positiven Gefühle für den anderen.

Geht die Positivität zurück, dann gerät die Liebe in Gefahr. Ich nenne diese Phase gern »der Immobilienteil liegt auf dem Tisch« – denn dann liegt in der Tat oft der Immobilienteil der

Zeitung auf dem Küchentisch – oder einer der beiden Partner schaut ins Internet. Die einstigen Liebenden halten es nur noch sehr schwer miteinander aus.

Noch ist ihre Ehe zu retten, wenn sie denn *das Richtige* tun. Doch beide Partner wollen in der Beratung vor allem über die Fehler und Schwächen des jeweils anderen sprechen. Das hilft nicht weiter. Beide Partner müssen wieder anfangen, sich dem anderen zuzuwenden und für ihn da zu sein. Wahrscheinlich müssen sie sogar lernen, dauerhaft *mehr* für den anderen da zu sein als in der Vergangenheit, damit die Beziehung in Zukunft stabil bleibt.

Ein Missverständnis drängt sich vielen Menschen an dieser Stelle auf: Sie denken bei dem Wort *Positivität* an das populär gewordene positive Denken. *Positives Denken* fordert Menschen auf, in allen Lebenssituationen, auch in schwierigen, nicht pessimistisch zu sein, sondern durch positive Gedanken ihr Schicksal positiv zu beeinflussen. Das Grundproblem des positiven Denkens: Es funktioniert nur bei Menschen gut, die psychisch ausgesprochen stabil sind. Es ist also eine *Psychologie für Gesunde.* Wer hingegen schwere Schicksalsschläge hinnehmen musste, eine Krebserkrankung zum Beispiel, dem hilft positives Denken in aller Regel nicht. Oft schadet es ihm sogar. Seine Stimmung bleibt unverändert, wenn er sich bemüht positiv zu denken. Und das ist eine weitere Niederlage in seinem Leben (anderen hilft das positive Denken ja, nur ihm nicht). Und diese Niederlage zieht den Betreffenden weiter nach unten.

Wie unterscheidet sich positives Denken in einer Partnerschaft nun von *Positivität?* Grundlegend. Das ist bei Elise und Norbert gut zu sehen: Norbert wird manchmal wütend. Oft sind Anrufe seines Chefs der Grund für seine Wut. Elise kommt nur schlecht mit diesen Situationen zurecht. In der Regel streiten sich Elise und Norbert dann heftig. Was beide noch unglücklicher macht.

Wie reagiert Elise ganz konkret, wenn Norbert wütend auf seinen Chef ist? Sie versucht dann positiv zu denken und erklärt ihrem Mann, weshalb die Situation gar nicht so schlimm ist und wie er sie gut bewältigen kann. Elise hält ihre Vorgehensweise für die beste Möglichkeit, mit der Situation umzugehen. Elises Beschwichtigungen aber bringen Norbert noch mehr auf die Palme. Obwohl das so ist, versucht es Elise schon seit Jahren mit positivem Denken und Beschwichtigungen. Und scheitert ein ums andere Mal.

Positivität wirkt

Wenn Elise es mit *Positivität* gegenüber Norbert versuchen will, dann muss sie anders mit Norberts Schwierigkeiten umgehen. Denn bisher fühlt Norbert sich weder verstanden noch unterstützt, wenn Elise gegen seine Wut argumentiert. Und damit hat er recht. Elise stellt sich nämlich nicht hinter ihn. Und das wiederum macht ihn noch wütender, als er ohnehin schon ist. Und das entzweit die beiden.

Positivität heißt, für den anderen da zu sein. Ohne jedes Wenn und Aber, nach dem Motto: Wir gegen den Rest der Welt.

Elise hat es eines Tages tatsächlich mit dieser Vorgehensweise versucht. Norbert schimpfte laut vor dem Computer vor sich hin: »Ich verstehe nicht, warum mein Chef das von mir verlangt. Das geht einfach zu weit!«

Elise widerstand der Versuchung, ihm zu erklären, dass alles bestimmt nicht so schlimm sei. Stattdessen schlug sie mit der Faust auf den Tisch und rief: »Was denkt der Kerl eigentlich. Es ist eine Frechheit von ihm, so etwas von dir zu erwarten!«

Was glauben Sie, was nun passierte? Norbert war zunächst ein wenig verdutzt. Er regte sich nicht über Elise auf und auch seine Wut auf den Chef ging schnell zurück. Und er fand eine Lösung für das Problem. Und die Stimmung zwischen Elise und Norbert war super.

Elise war begeistert. Vorher hatte sie viel Zeit damit verbracht, Norbert selbst, seine Launen, seinen Chef oder die Arbeitsbelastung für Norberts Wutausbrüche verantwortlich zu machen. Nun wurde ihr klar, dass er sich so sehr aufgeregt hatte, weil Elise sich nicht hinter ihn stellte. Sie stand nicht mit ihm »gegen den Rest der Welt«. Und das brachte ihn auf. Es war ihr eigenes Verhalten, das Norbert so wütend gemacht hatte.

Das war keine ganz einfache Erkenntnis für Elise. War sie doch jahrelang der festen Überzeugung gewesen, dass ihr Mann ein Problem hatte. Er war das Problem. Und sie im Recht. Doch so war es ganz offensichtlich nicht.

Was Positivität wirklich ist

Positivität bedeutet, für den Partner da zu sein. Es bedeutet nicht, dass wir positiv über die Lage denken müssen, in der der Partner sich gerade befindet. Empfindet er sie als schwierig – ja, dann ist sie eben schwierig. Es bedeutet aber, dass wir nach Möglichkeit positiv über *ihn* denken. Und uns hinter ihn stellen und ihn auf diese Weise stärken. So schaffen wir ein festes Band, das unserer Partnerschaft Stabilität gibt.

KAPITEL **ZEHN**

BELOHNEN SIE EINANDER

Der Weg in eine unglückliche Partnerschaft ist mit unerfüllten Wünschen und Bedürfnissen gepflastert.

»Ich wünsche mir so sehr, dass sie mal mit dem Sex anfängt«, sagt Norbert. Von Anfang an war er derjenige, der dafür sorgt, dass es zwischen ihm und seiner Frau zur Sexualität kommt. Er umwirbt, sie lässt es geschehen – und macht mit. Nicht, dass ihr der Sex keine Freude macht. Aber von sich aus zeigt Elise Norbert ihr Begehren nie.

So eine Form des einseitigen Begehrens ist für beide Geschlechter nur schwer auszuhalten, für Männer wie für Frauen. Also wünscht Norbert sich, dass Elise ihm mal ein eindeutiges Angebot macht. Norbert wartet jetzt schon sehr lange darauf – ganze zwölf Jahre. Ja, Sie haben richtig gelesen. Seit zwölf Jahren hofft Norbert, dass Elise auch einmal aktiv wird in Sachen Sex.

Hat Norbert sich mal klar und deutlich von Elise *gewünscht*, dass sie den Anfang macht? Die Antwort auf diese Frage lautet: Nein, das hat er nicht. Oder hat er sie darum *gebeten*? Nein, auch das hat er nicht. Hat er ihr *das Problem vorgelegt* und sie gefragt, ob sie eine Lösung für sein Problem weiß? Ein drittes Mal – *nein*. Norbert hat all die Jahre akzeptiert, dass es sein Part ist, Elise ein Angebot zu machen. Und er hat sich stillschweigend darüber geärgert, dass von ihr nichts kam. Das ist ein gefährlicher Weg.

Wünsche und Bedürfnisse gibt es unendlich viele und unendlich verschiedene. Ein jedes Bedürfnis hat sein Recht, selbst wenn es in einer Beziehung dauerhaft unerfüllt bleiben sollte.

Überraschung: Elise hat den Anfang gemacht

Sechs Wochen später – es gibt eine Überraschung. Norbert hat Elise erzählt, dass er sich sehr wünscht, dass sie ihm einmal ein Angebot macht. Elise hat aufmerksam zu gehört. Sie hat Norbert erzählt, wie sehr sie sich freut über seine Angebote. Sie sind für Elise eine Art Bestätigung, die sie sehr genießt. Aber sie kann sich gut vorstellen, dass es Norbert ganz ähnlich geht wie ihr. Das Ergebnis des Gesprächs: Sie will es versuchen.

So kam Norbert einige Tage später in den Genuss einer Avance.

»Elise hat tatsächlich um mich geworben und es kam zum Sex«, Norbert ist begeistert. Hat er Elise anschließend gesagt, wie sehr er sich gefreut hat? Hat er sich bei ihr bedankt? Kurz: Hat er sie in irgendeiner Form *positiv bestätigt* dafür, dass sie ihm zuliebe den Anfang gemacht hat?

Schon die Frage irritiert Norbert.

»Wieso sollte ich sie belohnen? Ich habe zwölf Jahre lang den Sex begonnen und sie hat es nun einmal getan!«

Elise hat in seinen Augen keine Belohnung verdient. Norbert empfindet eine Belohnung für Elises Erstlingswerk als unangemessen. Und bestärkt sie somit nicht in ihrem Verhalten. Schade.

Immer diese Hausarbeit!

Lena ist es leid, dass immer sie den Müll runterträgt und die Wäsche aufhängt. Es muss sich etwas ändern in ihrer Beziehung. Die Aufteilung der Hausarbeit ist nicht fair, findet sie. Und genau darauf kommt es an. Empfindet Lena die Aufteilung der Hausarbeit als ungerecht, dann sind Probleme vorprogrammiert. Empfindet sie sie als gerecht, dann ist alles im Lot. Muss Paul dazu genau die Hälfte der Hausarbeit erledigen? Nein, das muss er nicht. Womöglich wird Lena schon glücklich und zufrieden sein, wenn er es auf 40 Prozent schafft. Und ist Lena glücklich, dann wird auch ihre Beziehung gut laufen. Und das wird auch Paul glücklich machen.

Lena hat das alles mit Paul besprochen. Am nächsten Tag hat er ohne jede Ermahnung den vollen Müll entsorgt. Das findet Lena prima. Aber ihm dafür ein Lob zukommen zu lassen? Nein, das sieht sie denn doch nicht ein.

»Nun hat er einmal was gemacht und dafür soll er gleich ein Lob bekommen? Ich mache das alles jetzt seit drei Monaten – ohne Lob.«

Paul hat in ihren Augen keine Belohnung verdient. Lena findet eine positive Bestärkung dafür, dass einmal der Müll runtergebracht wurde, übertrieben. Schade.

SEIEN SIE GROSSZÜGIG MIT BESTÄTIGUNG

Die Belohnung – die *positive Bestärkung* für die Erfüllung unserer Wünsche – ist die Königsdisziplin in der Partnerschaft. Sie ist der dritte Teil der Trias der Positivität, nach klaren Ansagen und Sympathie. Norbert beherrscht die positive Bestärkung gegenüber Elise ebenso wenig wie Lena gegenüber Paul. Beide sind in diesem Punkt alles andere als großzügig. Das ist ausgesprochen unklug von ihnen. Wollen Norbert und Lena in ihren jeweiligen Partnerschaften mehr von dem, was sie sich wünschen, dann sollten sie mit positiver Bestärkung nicht sparsam sein. Sie schaden sich damit selbst.

RegelNummer14:

Seien Sie großzügig mit Anerkennung und Lob.

Und zwar aus reinem Eigeninteresse.

Es war ein Fehler von Norbert, Elise nicht an seiner Freude über die Sexualität teilhaben zu lassen. Ohne *positive Bestärkung* sind seine Aussichten auf Veränderung deutlich geringer – selbst wenn er die anderen beiden Säulen, die *Sympathie* und die *klare Ansage* immer berücksichtigt.

Ist am Loben etwas verkehrt?

Den Partner zu loben, damit er sich öfter wie gewünscht verhält, dieser Rat gerät schnell in den Verdacht der Manipulation. Als wenn an einem Lob etwas falsch sein könnte! Oder daran, dass wir uns sichtbar freuen.

In einigen Jahren wird Lena ganz selbstverständlich ihre Kinder loben oder auf eine andere Art und Weise *positiv bestärken* – und zwar einfach deshalb, weil das eine effektive Form ist, Kinder zu beeinflussen. Aber in der Partnerschaft mit Paul ist das gleiche Verhalten manipulativ?

Norbert wiederum ist bereits sehr erfahren in Sachen positiver Bestärkung – bei seinen beiden Mädchen. Er findet nicht, dass er sie manipuliert. Positive Bestärkung funktioniert nun mal super – warum sollte er sie nicht nutzen? Nicht einzusehen! Hier geht es im Kern auch gar nicht um Manipulation. Sondern es geht darum, offen seine Gefühle auszudrücken. Hat Nora ein tolles Bild gemalt, dann wird Norbert sagen, wie sehr es ihm gefällt. Und hat Luise ihren ersten Kuchen gebacken, dann wird er sich mit ihr freuen. Seine Gefühle schwingen mit denen seiner Kinder mit. Und das ist richtig so.

Na gut, die Küche sah nach dem Backversuch aus wie ein Schlachtfeld. Das hat Norbert weniger gefreut. Aber zählt das wirklich – bei einem ersten Kuchen? Er hat nichts dazu gesagt. Das war ohne jeden Zweifel taktisch motiviert. Er will Luise nicht mit einem Blick auf die weniger erfreulichen Aspekte ihres ersten Backversuchs frustrieren. So viel Wohlwollen und so viel Taktik für seine kleine Prinzessin!

Lob – auch für die Königin

Und was ist mit seiner Königin? Was ist mit Elise? Klar, Norbert hat sich gefreut, dass Elise den Sex zwischen den beiden initiiert hat. Sein Gefühlsleben hat sogar einen richtigen Satz gemacht vor lauter Freude! Ich kann ihn verstehen. Immerhin hat er lange auf diesen Augenblick gewartet. Was ich nicht verstehen kann, das ist, dass er seine Freude unter gar keinen Umständen mit seiner Frau teilen mag.

An Möglichkeiten hierzu mangelt es nun wirklich nicht. Hier ein paar Vorschläge. Sie können die Liste gern noch um eigene Ideen ergänzen:

- Er könnte schlicht und einfach zu ihr sagen: »Ach, war das aber schön!«
- Er könnte am nächsten Tag noch einmal betonen, wie sehr er sich gefreut hat, dass sie den Anfang gemacht hat.
- Er könnte auch sagen: »Ich habe das so vermisst! Das war aber toll.«
- Oder er könnte sich ganz ausdrücklich bedanken: »Das war großartig. Du bist ein Schatz! Danke.«

Könnte, könnte, könnte. Im Leben von Norbert und Elise gibt es eine lange Reihe von verpassten Chancen und Gelegenheiten. Die beiden greifen beherzt und voller Freude in die Schublade mit der Aufschrift »Positivität«, wenn sie mit ihren Kindern zusammen sind. Nur um wenige Sekunden oder Minuten später genauso beherzt die Schublade mit der Aufschrift »Negativität« zu öffnen – wenn sie sich aufeinander beziehen. Oder in die Schublade mit der Aufschrift »Ignorieren«, wie bei Norberts fehlender Belohnung für Elises erotisches Angebot.

Ob Elise sich manipuliert fühlen wird, wenn sie nach ihrem Debüt ein dickes Lob von Norbert bekommt? Wird sie es unangenehm finden, wenn er nach dem Sex »danke, du bist ein Schatz«, zu ihr sagt? Sehr unwahrscheinlich. Viel wahrscheinlicher ist, dass sie sich über die positiven Worte von ihm freuen wird. Es ist ja nicht so, dass Elise allzu oft ein Lob von ihm zu hören bekommt. Norbert äußert nur sehr selten Anerkennung und Wertschätzung – und genau das ist einer der zwei Gründe, weshalb die Ehe der beiden mit den Jahren zunehmend unglücklicher geworden ist.

Der andere Grund: Elise hat sich im Laufe der Zeit an Norbert angepasst. Auch sie hat also Worte der Anerkennung und Wertschätzung mehr und mehr eingeschränkt.

Ich als Berater bin für eine Umkehr. Beide, Norbert und Elise, brauchen mehr Anerkennung, mehr Zuwendung – und sie brauchen beide auch Lob. Alle Menschen lieben das gute Wort. Auch Norbert und Elise. Äußert sich Norbert anerkennend, dann stärkt er dadurch das Verbundenheitsgefühl zwischen den beiden. Gut so. Natürlich bestärkt er Elise so auch darin, in Zukunft wieder die Initiative in Sachen Sex zu ergreifen. Auch richtig.

Ein Lob der Freude

Ohne positive Bestärkung ist Ihr Partner nur sehr schwer zu Veränderungen zu bewegen. Ich sehe keinen Grund, warum Sie sich ohne Not für so einen beschwerlichen Weg entscheiden sollten. Wenn Sie Veränderungen in Ihrer Partnerschaft wollen, dann seien Sie also bitte großzügig mit Lob, großzügig mit Worten der Freude und großzügig mit Worten der Anerkennung.

Vielleicht erinnern Sie sich an dieser Stelle noch einmal daran, wie ein Hund seinen Besitzer erzieht oder seine Besitzerin (► Seite 103). Er »erzieht« mit Freude. Oder Sie überlegen einen Augenblick, was wohl zum Erfolg geführt hat bei dem Versuch, den Hund in meiner Praxis dazu zu bewegen, einen Ball herumzutragen und Männchen zu machen. Waren es die kleinen Belohnungen, die er bei Fortschritten bekommen hat, in Form eines besonderen Leckerlis? Oder war es die große Freude, die ich zum Ausdruck gebracht habe, wenn er wieder einmal einen Schritt vorangekommen war – in die von mir gewünschte Richtung?

Wenn Sie selbst einen Hund haben, dann kennen Sie die Antwort auf diese Frage: Es war natürlich beides, das Leckerli *und* die Freude. Und Sie wissen sicher auch, dass allein Ihre Freude ausreicht, um Ihren Hund zu einer Veränderung seines Verhaltens zu bewegen. Das alles liegt – Sie ahnen es – am limbischen System, das die Freude anderer liebt. Und es liebt es, der Verursacher dieser Freude zu sein. Das limbisches System sendet dann Signale der Entspannung und des Wohlbehagens in den Körper. Es sendet diese Signale mithilfe von Botenstoffen, Hormonen wie Oxytocin und Dopamin. Freude fühlt sich sehr gut an. Das gilt für alle Säugetiere. Auch für Ihren Partner oder Ihre Partnerin.

Geteilte Freude ist doppelte Freude

Seien Sie also nicht sparsam mit Freude, wenn Sie bemerken, dass Ihr Partner sich in die von Ihnen gewünschte Richtung bewegt. Freuen Sie sich – und lassen Sie ihn an Ihrer Freude teilhaben. Verstärken Sie auf diese Weise das Verhalten Ihres Partners. Und erhöhen Sie so die Zufriedenheit in Ihrer Partnerschaft.

Positive Bestärkung ist keine Form der Manipulation. Und positive Bestärkung ist auch kein taktisches Spiel. Und schließlich ist sie schon gar keine Form der Dressur. Es geht nicht darum, den Partner gegen seine Natur zu ungewöhnlichen und für Menschen unnatürlichen Höchstleistungen zu bewegen. Was ist ungewöhnlich daran, dass Paul den Müll mit nach unten genommen hat? Und auch Elises Erstlingswerk ist kein wirklich ungewöhnliches Verhalten für einen Menschen, auch wenn es für Elise ganz ohne Zweifel ungewöhnlich war, den ersten Schritt zu tun und Norbert von sich aus ein eindeutiges Angebot zu machen.

Positive Bestärkung lenkt den Partner sanft und ohne kräftezehrende Paarkonflikte in die Richtung, die Sie sich wünschen. Seien Sie also nicht sparsam mit Ihrer Freude. Es hilft nicht, dass Sie sich heimlich, still und leise freuen, dass Ihr Partner Ihnen zuliebe etwas anders gemacht hat.

Positivität hilft uns allen

Positivität wäre auch für Birte die richtige Lösung gewesen, damals, als sie nach zwei Ehejahren unzufrieden wurde mit Kurt. Jung, unerfahren und diskussionsfreudig, wie sie war, hat sie es jedoch mit genau den falschen Methoden versucht. Drei Jahrzehnte später muss sie nun die schmerzhaften Folgen tragen: Eine zerrüttete Partnerschaft. Kein Sex – und das schon seit Jahren. Keine Umarmungen, keine Küsse, die diesen Namen verdienen. Ein Desaster, aus dem sie nun einen Ausweg sucht. Dieser Weg hat einen Namen und der lautet: Positivität.

Positivität – das ist erkennbar auch die Zukunft für Norbert und Elise. Norbert wird sich angewöhnen, Elise positiv zu bestärken, nicht nur in Fragen der Erotik. Beide werden sich angewöhnen, mehr füreinander da zu sein. Sie werden in Zukunft lernen, sich immer öfter einander zuzuwenden.

Norbert wird Elise öfter aufmerksam zuhören und wird lernen, ihr die Anerkennung und Wertschätzung zu geben, die sie nach einem langen, arbeitsreichen Tag dringend braucht.

Elise wird lernen, Norbert zu danken, wenn der das Smartphone ausmacht – und wird ihn so ebenfalls positiv in seinem Verhalten bestärken. Elise braucht Norberts ungeteilte Aufmerksamkeit. Gibt er sie ihr, dann darf sie ihn dafür auch gern positiv bestärken. »Danke, dass du mir zugehört hast. Das war sehr wichtig für mich.«

Norbert wird das Lob freuen. Er wird sie in den Arm nehmen und ihr über den Rücken streicheln. Und dann bringen die beiden ihre Töchter Nora und Luise ins Bett. Und anschließend können sie sich überlegen, ob einer von ihnen dem anderen ein eindeutiges Angebot macht.

ALLE REGELN AUF EINEN BLICK

#RegelNummer1: Den Partner so zu lassen, wie er ist, hilft nicht.

#RegelNummer2: Meiden Sie Beziehungsgespräche.

#RegelNummer3: Keine Kritik.

#RegelNummer4: Stoppen Sie die Wut.

#RegelNummer5: Greifen Sie einen wütenden Partner niemals an.

#RegelNummer6: Berichten Sie Ihrem Partner von Ihrer Wut.

#RegelNummer7: Hadern Sie nicht mit dem Partner.

#RegelNummer8: Formulieren Sie Wünsche.

#RegelNummer9: Erstellen Sie eine Agenda.

#RegelNummer10: Nach dem Sex ist vor der Lösung.

#RegelNummer11: Starten Sie Ihr Veränderungsprogramm mit kleinen Dingen.

#RegelNummer12: Stärken Sie einander den Rücken.

#RegelNummer13: Denken Sie jeden Tag einmal bewusst positiv über Ihren Partner. Konzentrieren Sie sich für einige Minuten auf seine Vorzüge.

#RegelNummer14: Seien Sie großzügig mit Anerkennung und Lob.

NACHWORT

DIE ZUKUNFT DER LIEBE

Was hat man uns nicht alles eingebläut: Den Partner *soll* man nicht ändern, *darf* man nicht ändern, *kann* man nicht ändern und *muss* man auch gar nicht ändern. Geholfen hat das alles nichts. Kein Wunder. Niemand von uns wird zufriedener, wenn er die Dinge einfach so hinnimmt, wie sie sind.

Den Partner so zu nehmen, wie er ist, das ist ein gefährlicher Rat für eine Beziehung. Alle diese Aufforderungen zur Untätigkeit, zum Hinnehmen und zur Passivität haben Partnerschaften nicht glücklicher gemacht. Und auch nicht stabiler. Den Partner so zu nehmen, wie er ist, garantiert das Unglück in der Liebe. Dauerhaft.

Versuchen wir es doch einmal andersherum: Ja, Sie *dürfen* Ihren Partner ändern. Sie *sollen* das sogar tun. Und Sie können es auch. Wenn Sie dieses Buch in die Hand genommen haben, dann spricht eine Menge dafür, dass Sie ihn sogar verändern *müssen*, wenn Sie in einer dauerhaft glücklichen Beziehung leben wollen. Um das zu verinnerlichen, ist es hilfreich, sich von den vielen Mythen über die Liebe zu verabschieden, die unsere Kultur durchziehen.

FALSCHE MYTHEN ÜBER DIE LIEBE

Die Erde ist eine Scheibe.
Wenn es donnert, dann grollen uns die Götter.
Die Sonne dreht sich um die Erde.

Glauben Sie all das? Natürlich nicht. Geht es um die Gestalt der Erde, um ihre Stellung im Weltall oder um spannende Wetterphänomene, dann vertrauen wir alle auf die Erkenntnisse von Wissenschaftlern und Naturforschern. Und deshalb wissen wir, dass die Erde eine Kugel ist, dass es donnert, weil in den Wolken elektrische Ladungen entstehen, und dass unsere Erde sich in Wahrheit mit der aberwitzigen Geschwindigkeit von 100 000 Kilometern in der Stunde um unser Zentralgestirn bewegt. Man könnte sagen: Sie rast durchs Weltall.

Das alles wissen wir und wir sind stolz darauf, dass wir den Aberglauben und die Mythen vergangener Jahrhunderte und Jahrtausende hinter uns gelassen haben. Wir haben gelernt, der Forschung wie der Wissenschaft zu vertrauen und unsere eigenen, oft unausgegorenen Annahmen zu verwerfen – weil sie ganz offensichtlich nicht mit der Realität übereinstimmen.

Die Liebe und die Wissenschaft

Ganz anders ist das alles bei der Liebe. In der Liebe ist noch heute der Irrtum die Regel. Wir glauben lieber all die Mythen über die Liebe, die unsere Kultur uns vermittelt – und ignorieren das Wissen. In keinem anderen Lebensbereich leisten wir uns ein so hohes Maß an Irrtümern und an Fehlannahmen wie in der Liebe. In keinem anderen Bereich ignorieren wir die Wissenschaft und ihre Erkenntnisse so gnadenlos wie in der Liebe. Das hat mich so sehr beschäftigt, dass ich ein ganzes Buch nur über Irrtümer über die Liebe geschrieben habe (▶ Anhang Seite 174).

In diesem Buch nun ging es um einen einzigen Irrtum. Es ging um die Überzeugung, dass wir unseren Partner nicht verändern können, nicht verändern sollen und nicht verändern dürfen. Die Antwort der Forschung und der Wissenschaft besagt etwas völlig anderes:

Ja, wir können unseren Partner verändern.

Zwei Menschen, die in einer langjährig stabilen und glücklichen Beziehung leben, ändern sich immer, im Verlauf ihrer Partnerschaft. In der Regel werden sie sich ähnlicher. Und das freut beide Partner.

Ja, wir dürfen unseren Partner verändern.

Je zufriedener der eine Partner ist, umso besser geht es auch dem anderen. Eine Partnerschaft ist kein Nullsummen-Spiel, bei dem einer verliert, wenn der andere gewinnt. Wenn Sie für mehr Zufriedenheit sorgen, indem Sie das eine oder andere ändern, stärken Sie Ihre Partnerschaft insgesamt.

Ja, wir sollen unseren Partner verändern.

In einer Beziehung treffen die unterschiedlichen Wünsche und Bedürfnisse zweier Menschen aufeinander – ein Leben lang, wenn es gut geht. Wir sollen für unsere Wünsche und Bedürfnisse einstehen. Wir sollen sie wichtig nehmen und wir sollen beim Partner dafür werben, dass er sie uns erfüllt. Daran ist nichts verkehrt. Schließlich ist ein jeder von uns in dieser Welt, um für sein Lebensglück zu sorgen.

UNSER GLÜCK IST DAS ZIEL

»Unsere wahre Aufgabe ist es, glücklich zu sein.« (Dalai Lama)

Es gibt viele schöne Zitate des Dalai Lama. Dieses ist für mich eines der schönsten. Die Ansicht des Dalai Lama deckt sich mit den Forschungen der Psychologie. Ja, wir sind in dieser Welt, um glücklich zu sein. Deshalb zählen unsere Bedürfnisse und deshalb zählen unsere Wünsche. Jeder Einzelne von ihnen ist wichtig. Und deshalb sollen wir uns für sie einsetzen.

Der Schlüssel zu diesem Glück in der Partnerschaft lautet nach allem, was wir wissen: Positivität. Mit positiven Verhaltensweisen lässt sich ein Partner für Veränderungen gewinnen. Die Forschung hat es seither wieder und wieder belegt: Positivität, nicht überbordende Verliebtheit ist der Garant für das Glück in der Liebe.

Wir alle könnten das wissen, wenn es uns denn jemand sagen würde. Doch genau das ist nicht der Fall. Niemand klärt uns auf.

In der Schule gibt es kein Fach »Liebe« und an der Uni stand »Liebeswissenschaft« nicht im Lehrplan. Also versuchen wir alle es mit »Learning bei doing«. Oder wir nutzen das, was wir in Hollywoodfilmen und unterhaltsamen Vorabendserien über die Liebe erfahren haben.

Die Macher solcher Unterhaltungsformate haben andere Probleme, als uns über die Liebe aufzuklären. Sie wollen, dass wir den Fernseher nicht abschalten oder gelangweilt auf einen anderen Kanal wechseln. Positivität stört die Produzenten von Fernsehserien und Hollywoodfilmen aus einem einzigen Grund – sie ist in der Regel schrecklich langweilig.

Er: »Gibst du mir bitte mal die Butter, Schatz?«

Sie: »Ja, gern.«

Ein höflicher, zugewandter Umgang miteinander ist so langweilig, dass sich die Autoren solcher Sendungen immer für die effektvollere Variante entscheiden werden. Und die geht so:

Sie: »Musst du die Butter immer so weit wegstellen, dass ich nicht drankommen?«

Er: »Frühstücke doch alleine, du dumme Ziege. Ich gehe angeln.«

Würde in einer deutschen Vorabendserie ein Hund verprügelt oder verbal erniedrigt, dann hätte der entsprechende Sender eine Unmenge an Problemen. Die Tierschützer würden sich – zu Recht – empören. Und die Macher der Sendung könnten sich schon bald nach einem neuen Job umschauen.

Oder wenn eine Vorabendserie zeigen würde, wie Eltern ihr Kind schlagen oder erniedrigen, um es zu erziehen. In der Folge würde ebenfalls ein Sturm der Entrüstung losbrechen. Mit der Bild-Zeitung vorneweg.

Nun kommt das letzte Beispiel: Eine deutsche Vorabendserie zeigt, wie eine Frau ihren Partner ohrfeigt und verbal erniedrigt (oder ein Mann seine Partnerin). Die Folge – keine Empörung. Stattdessen steigen die Quoten der Sendung. Die Zuschauen fragen sich voller Spannung, wie es wohl weitergeht in dieser ausgesprochen unterhaltsamen Serie. Das sie gerade Augenzeuge von *Gewalt in der Partnerschaft* geworden sind, das ist ihnen nicht einmal bewusst.

Paare haben ein Recht auf gewaltfreien Umgang. Körperliche Bestrafungen, seelische Verletzungen und andere entwürdigende Maßnahmen sind unzulässig. Haben Sie von diesem Passus im Bürgerlichen Gesetzbuch je gehört? Nein? Kein Wunder – es gibt ihn nämlich nicht. Ich habe ihn erfunden, in Anlehnung an den Paragraphen, in dem Eltern gesetzlich dazu verpflichtet werden, ihre Kinder gewaltfrei zu erziehen.

Paare sind in unserer Gesellschaft nicht dazu verpflichtet, gewaltfrei miteinander umzugehen. Einige drastische Formen der Gewalt in einer Partnerschaft sind geächtet, Vergewaltigung zum Beispiel und auch Körperverletzung. Aber solche extremen Verhaltensweisen sind Ausnahmen, wenn wir über Gewalt in der Partnerschaft reden.

Fakt ist: Wir leben in einer Gesellschaft, in der Gewalt, Entwürdigung und Erniedrigung in Partnerschaften nicht nur geduldet, sondern Abend für Abend im Fernsehprogramm ganz selbstverständlich als Teil einer modernen Beziehung dargestellt werden. Das Ergebnis: Entwürdigende Maßnahmen sind in Partnerschaften heute nach wie vor an der Tagesordnung.

Die Liebe in den Zeiten der Positivität

Die Liebe in den Zeiten der *Positivität* – sie wird eine andere werden.

Wir alle müssen lernen, negative Strategien nicht nur zu meiden. Wir müssen lernen, sie als das zu sehen, was sie sind: *Verbrechen gegen die Regeln der Mitmenschlichkeit.*

Ich habe keinen Zweifel, dass Positivität und auch positive Bestärkung die zentralen Bausteine einer glücklichen Beziehung sind. Und ich bin fest davon überzeugt, dass sie in Zukunft eine immer wichtigere Rolle spielen werden bei unserem Bemühen, das Zusammenleben von Menschen auf unserem Planeten ganz allgemein zu verbessern. Und Positivität und positive Bestärkung werden auch in der Liebe neue Wege weisen.

Die Liebe wird eine andere werden, wenn sich Positivität und positive Bestärkung als wichtigste Bestandteile für einen entspannten Umgang mit unterschiedlichen Lebensvorstellungen und unterschiedlichen Bedürfnissen durchgesetzt haben. Die Liebe in der Zeiten der *Positivität* – sie wird noch mehr als heute die Quelle von Lebensfreude und Lebensglück für uns sein. Viele Forscher haben untersucht, was Partnerschaften aufblühen lässt und ihnen Stabilität verleiht. Das Ergebnis lässt sich in einem einzigen Satz zusammenfassen.

 # Positivität ist die Zukunft der Liebe.

ANHANG

QUELLEN UND WEITERFÜHRENDE LITERATUR

Auf den folgenden Seiten erfahren Sie, welche Quellen ich genutzt habe, um mich für dieses Buch zu informieren. Ergänzend habe ich noch einige erläuternde Sätze zu den Verweisen geschrieben. Ich wünsche Ihnen viel Spaß beim Lesen.

Kapitel eins: Dürfen wir unseren Partner verändern?

▸ zu Seite 10

Bei Forschungen an der Humboldt-Universität kam man zu dem Ergebnis, dass eine langjährige Partnerschaft beide Partner deutlich verändert. Das gilt allerdings erst ab einem Alter von etwa 25 Jahren. Für ihre Studie *The First Partnership Experience and Personality Development* hatten die Forscher 321 junge Menschen mit und ohne eine Partnerschaft über vier Jahre befragt. Die Studie finden Sie hier: *http://spp.sagepub.com/content/6/4/455*

▸ zu Seite 13

Die wichtigsten Ergebnisse von Terri Orbuchs Paarstudie *Early Years of Marriage Project* (1986 bis heute) liegen auch auf Deutsch vor: Terri Orbuch: *Die 5 Geheimnisse glücklicher Paare. Verblüffende Erkenntnisse aus über 20 Jahren der Forschung.* Goldmann Verlag, München, 2011.

Kapitel vier: Wieso Beziehungsgespräche Partnerschaften ruinieren

► zu Seite 45

Baruch de Spinoza hat seine Theorie der Emotionen bereits im 17. Jahrhundert entwickelt. Nachzulesen sind sie in dem Buch: *Sämtliche Werke, Bd. 2. Ethik in geometrischer Ordnung dargestellt.* Wolfgang Bartuschat (Hrsg.), Verlag Felix Meiner, Hamburg, 2015.

► ab Seite 46

Die Ergebnisse der Hirnforschung zur Frage von Emotionen und Affekten fasst zusammen:

Thomas Lewis, Fari Amini, Richard Lannon: *A General Theory of Love.* Vintage, New York, 2001.

Männer wirken bei Auseinandersetzungen oft äußerlich ruhig, sind innerlich aber aufgewühlt. John Gottman konnte dieses Phänomen oft bei seinen Forschungen beobachten, weil er bei der Beobachtung von Paardiskussionen zusätzlich zu einer Videoaufzeichnung auch den Puls der beiden Partner aufgezeichnet hat. Mehr dazu findet sich hier:

John Gottman, Julie Schwatz-Gottman: *Level 1: Bridging the Couple Chasm. Gottman Couples Therapy: A Research-Based Approach.* The Gottman Institut, 2000–2012.

An gleicher Stelle findet sich auch John Gottmans Empfehlung, ein Paargespräch bei einem Puls von über 95 zu unterbrechen.

Das große Unglück von Männern nach Beziehungsgesprächen belegt auch Terri Orbuch in ihrer Langzeit-Paarstudie *Early Years of Marriage Project.* Auf Deutsch gibt es ihr Buch: *Die 5 Geheimnisse glücklicher Paare. Verblüffende Erkenntnisse aus über 20 Jahren der Forschung.* Goldmann Verlag, München, 2011.

► zu Seite 49

In der Lernpsychologie ist man in der Tat nicht sehr erstaunt über Männer, die panisch auf die Ankündigung eines Beziehungsgesprächs reagieren. Denn die Reaktion auf diese Ankündigung ähnelt bekannten Mustern: Riecht es aus dem Backofen nach Pizza, läuft mir das Wasser im Mund zusammen und ich freue mich. In den Augen der Lernpsychologie ist das ein erlerntes Verhalten. Ich habe gelernt, den Geruch der Pizza mit dem anschließenden Genuss zu verbinden. Genau andersherum läuft es, wenn eine Frau ankündigt: »Wir müssen reden!« Der Mann hat gelernt, dass ein unangenehmes Gespräch folgt. Also schnellt sein Puls schon bei diesen Worten vorsorglich nach oben – und seine Stimmung sinkt. Das sagt die Lernpsychologie – und das lehrt auch die Alltagserfahrung. Wer weiterlesen will, kann das hier tun: Guy R. Lefrancois: *Psychologie des Lernens.* Springer, Heidelberg, 2006.

Kapitel fünf: Wieso Kritik einer Partnerschaft schadet

► zu Seite 53

Dale Carnegies Buch *Wie man Freunde gewinnt* (englisch: *How to Win Friends and Influence People*) ist heute immer noch sehr beliebt. Es trägt mittlerweile einen Untertitel und heißt vollständig: *Wie man Freunde gewinnt. Die Kunst, beliebt und einflussreich zu werden.* Fischer TB, Frankfurt, 2011.

► zu Seite 55

Dass Kritik nicht zum Erfolg führt, ist immer wieder das Ergebnis der Forschungen von John Gottman gewesen. Nachzulesen ist das auch in seinem Buch: *Die 7 Geheimnisse der glücklichen Ehe.* Ullstein Verlag, Berlin 2004.

Kapitel sechs: Wieso Wutausbrüche eine Liebe zerstören

► zu Seite 69

Dass Frauen bei Auseinandersetzungen in Beziehungen häufiger mit Gewalt reagieren als Männer (oder zumindest gleich häufig), ist international schon seit Jahrzehnten gut erforscht und belegt. In Deutschland ist das wenig bekannt. Diese Auffassung vertritt vor allem der Soziologe Günter Amendt (Universität Bremen).

Jüngere Forschungen hierzu sind:

John Archer (2000): *Sex differences in aggression between heterosexual partners: A meta-analytic review.* In: *Psychological Bulletin*, Vol. 126, No. 5, S. 651–680.

Elizabeth A. Bates, Nicola Graham-Kevan, John Archer (2014): *Testing predictions from the male control theory of men's partner violence.* In: *Aggressive Behavior*, Vol. 40, Issue 1, S. 42–55.

Kapitel sieben: Nutzen Sie die Positivität

▸ ab Seite 93

Unter der Leitung der Psychologin Elizabeth Dunn haben Forscher von der University of British Columbia (Vancouver) und der Harvard Business School das Experiment mit den 20 Dollar durchgeführt, die die Probanden wahlweise für sich selbst oder für jemand anderen ausgeben sollten. Ich bin durch das wunderbare Buch von Adam Grant darauf aufmerksam geworden: *Geben und Nehmen. Erfolgreich sein zum Vorteil aller.* Droemer, München, 2013.

▸ zu Seite 94

Die Isolationshaft wird seit vielen Jahrhunderten praktiziert. Als Folter wurde sie schon von dem englischen Schriftsteller Charles Dickens eingestuft. Er prägte den Begriff der »weißen Folter«. Auch Menschenrechtsorganisationen wie Amnesty International stufen Isolation als Foltermethode ein.

Forschungen zu den körperlichen wie seelischen Folgen betreibt zum Beispiel das Berliner Behandlungszentrum für Folteropfer: A. Birck, C. Pross, J. Lansen (Hrsg.): *Das Unsagbare – Die Arbeit mit Traumatisierten im Behandlungszentrum für Folteropfer Berlin.* Springer, Berlin, 2002.

▸ ab Seite 94

Der Einfluss von Positivität und Negativität auf das menschliche Immunsystem ist in den letzten Jahrzehnten intensiv untersucht worden. Die Sterblichkeit von Männern in glücklichen wie unglücklichen Beziehungen untersuchte beispielsweise Dr. Tara Madhyastha im Rahmen einer Studie, die ältere Paare über 20 Jahre lang begleitete. Die Sterblichkeit von Männern in unglücklichen Partnerschaften betrug 58 Prozent über den gesamten Verlauf der Studie. Zum Vergleich: Männer in glücklichen Partnerschaften hatten im gleichen Zeitraum eine Sterbewahrscheinlichkeit von nur 23 Prozent. John Gottman berichtet von diesen Ergebnissen in seinem Buch *Die Vermessung der Liebe. Vertrauen und Betrug in Partnerschaften.* Klett-Cotta, Stuttgart, 2014.

► ab Seite 95
Zu Fred Skinner und seinen Forschungen habe ich mich in folgenden Büchern informiert:

Lauren Slater: *Von Menschen und Ratten. Die berühmtesten Experimente der Psychologie.* Beltz Verlag, Weinheim und Basel, 2009.

Daniel W. Bjork: *B.F. Skinner. A Life.* American Psychological Association (APA), New York, 1997

Guy R. Lefrancois: *Psychologie des Lernens.* Springer, Heidelberg, 2006.

► zu Seite 109
Von Michele Weiner-Davis stammt das wunderbare Buch *Jetzt ändere ich meinen Mann. Wie Sie ihn einfach umkrempeln, ohne dass er es merkt.* Piper, München, 2001. Ich habe es gelesen, als der Plan zu diesem Buch reifte. Das Beispiel mit den Tunneln stammt aus ihrem Buch.

► zu Seite 110
Das Zitat von Henry Ford über Fehler und deren Rolle in unserem Leben habe ich – wie vieles heute – zunächst über Facebook kennengelernt. Es findet sich auch unter: *http://www.forbes.com/sites/erikaandersen/2013/05/31/21-quotes-from-henry-ford-on-business-leadership-and-life/*

Kapitel acht: Machen Sie klare Ansagen

► ab Seite 133

Das 20-Minuten-Gespräch und seine positiven Folgen für eine Beziehung sind einmal mehr Ergebnis der Forschungen von John Gottman. Er schreibt darüber in seinem Buch *Die 7 Geheimnisse der glücklichen Ehe.* Marion von Schröder Verlag, München, 2000.

Kapitel neun: Zeigen Sie Sympathie

► ab Seite 145

John Gottmanns Empfehlung für ein Paargespräch mit fünf Teilen Positivität (Lob, Anerkennung, Freude) und nur einem Teil Veränderungswunsch findet sich hier: John M. Gottman: *Principia Amoris. The New Science of Love.* Routledge, New York, 2015.

Nachwort: Die Zukunft der Liebe

► zu Seite 164

Thiel, Christian: *Wieso Frauen immer Sex wollen und Männer immer Kopfschmerzen haben: Die populärsten Irrtümer über Beziehungen und Liebe.* Südwest Verlag, München, 2014.